목사님의
답   변

목사님의 답변

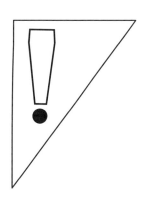

유선호 지음

하늘
기획

저자서문

오늘날의 사회문화적 추세는 포스트모더니즘(Postmodernism)과 문화막시즘(Cultural Marxism)이 풍미하고 있습니다. 포스트모더니즘은 절대 진리를 부정하고 모든 것을 상대화하며 자신의 느낌을 우선시하는 사상이므로, 종교도 상대화시켜서 종교다원주의에 빠지게 되어 기독교 복음 진리를 배척하게 만듭니다. 문화막시즘은 서구 문화의 근간이 되는 가정과 기독교를 파괴함으로써 공산주의 혁명을 이룩하려는 문화운동입니다. 그래서 그들은 성정체성(gender identity)을 혼돈시키고 성도덕을 붕괴시킴으로써 가정과 교회를 붕괴시키려고 정치적으로나 문화적으로 맹렬하게 활동하고 있는바, 복음 진리에 굳게 서지 못하고 있는 신자들은 신앙을 유지하기가 매우 어려운 시대를 만났습니다.

지난 오랜 세월 동안 학교나 직장에서 만난 많은 사람들과 목회 현장에서 만난 많은 기독교인들을 돌이켜 생각해볼 때에, 기독교 복음 진리를 잘 모르는 사람들이 대단히 많다는 것을 알게 되었습니다. 교회를 다니지 않는 사람이나 다니다가 그만 둔 사람은 더 말할 것이 없고, 심지어 교회를 다니고 있고 세례를 받았으며 직분을 가지고 있는 사람들조차도 기독교가 무엇을 가르치고 무엇을 믿는지 자세히 모르는 경우가 너무나 많다는 사실입니다. 더 나아가서 안타깝게도 교회를 다니는 사람들 중에는 중생(거듭남)을 경험하고 구원의 확신을 가지고 있는 분들이 그렇게 많지 않다는 것이 현실이라는 것입니다.

이 책은 바로 그런 경우를 위해서, 여러 가지 질문들을 가상하여 답변하는 형식으로 마련되었습니다. 그리하여 이 책이 전도용이나 새신자 선물용으로 유용하게 사용되기를 바라며, 이 책이 읽혀지는 곳마다 성령께서 역사하셔서 영혼들이 주께로 돌아오며, 새신자들의 믿음을 불러일으키고 영적으로 성숙케 하여 책임 있는 신자로 교회에 정착케 하는 놀라운 복음의 역사가 일어나기를 소망합니다. 이 책은 이미 1980년대에 처음 출간되어 많은 사랑을 받아 왔으나, 시대의 변천에 따라 다시 한 번 복음의 선한 도구로 목회자들과 전도자들과 새신자 사역자들에 의해 유용하게 쓰여지도록 개정 보충하여 출판하게 되었습니다.

끝으로 그동안 부족한 필자를 늘 사랑과 기도로 함께해 주신 평강성결교회 모든 지체들과 이 책의 출판을 맡아주신 황성연 장로님께 사랑과 감사의 마음을 전하며, 끝으로 오늘이 있기까지 부족한 종을 택하시고 인도해 주신 하나님 아버지께 모든 영광을 돌립니다.

2022년 9월
평강교회 40주년을 맞이하면서
신학박사 유선호 목사

차 례

01

왜 술·담배를
반대합니까?

Q 목사님, 이런 질문을 드린다면, 좀 유치하다고 생각하실 지 모르지만 평소에 가장 궁금하면서도 불만스럽게 생각하던 문제이기 때문에 이렇게 질문을 드립니다.

다름이 아니라, 술·담배 문제가 바로 그것입니다. 제가 알기로는 성경에도 "술·담배를 먹지 말라"는 말이 없거니와 다른 나라의 교회들은 술·담배를 허용하고 있는데, 왜 유독 우리나라의 교회에서는 금하고 있는지 모르겠습니다.

어느 분의 말에 의하면, 맨 처음 선교사들이 우리나라에 들어 왔을 때, 지독히도 가난하게 사는 민족이 술·담배로 많은 낭비를 하고 있기 때문에, 이를 시정하기 위해서 금주·금연을 가르쳤다고 하더군요. 마치 중국에 간 선교사들이 중국 교회에 아편을 금지시킨 것처럼…

그렇다면, 이제 우리나라도 어느 정도 경제가 부흥하여 선진국 수준이 되었으므로, 술·담배 비용이 그리 큰 부담이 되지 않고 있고, 또 건강 때문이라면, 그것은 적당히 하면 문제가 없다고 생각합니다.

성경에서도 명백하게 금한 것도 아니며, 그것이 무슨 죄라고 생각되지도 않고, 경제 능력도 있으니, 이제는 한국 교회도 술·담배에 대하여 태도를 바꿀 때가 되었다고 생각이 됩니다.

더구나 아무리 교회에서 금하고 있다 할찌라도, 지금 많은 교인들이, 특히 장로나 집사 직분을 가진 분들이 뒤에서 몰래 술·담배를 즐기고 있다는 사실을 목사님은 모르십니까?

그게 무슨 큰 죄가 된다고 많은 사람에게 죄책감을 주고 있는지 저는 이해할 수가 없습니다.

오히려 천주교처럼 술·담배를 허용하면 더 많은 사람이 전도되지 않을까 생각합니다.

목사님께서는 어떻게 생각하십니까?

술·담배 때문에 기독교인들이 사회에서 고립되고 있는 것이 좋다고 생각하십니까?

A 참 좋은 질문을 해주셨습니다. 만족한 답변이 될지는 모르지만, 나름대로 한번 답변해 드리겠습니다.

아시다시피, 10년 전만 하더라도, 교인이 되면 당연히 술·담배를 해서는 안되는 것이 상식이었습니다. 그러나 요즈음에 와서는 일부 자유주의 신학의 영향을 받고 있는 교회들은 술·담배를 거의 공공연히 하고 있다는 풍문입니다.

그래서 제직회를 마친 다음에 식사를 하러 가서 반주로 한두 잔 하는 것이 예사이고, 길 가다가 담배 피는 집사님들과 맞부딪치는 경우가 허다하다고들 말합니다.

제가 다니던 장로 교회에서는 술·담배를 즐기던 분이 성가대 지휘자를 거쳐 장로님이 되시기도 했고, 신길동 어느 교회에서는 헌신 예배 때에 그 교단 소속의 H 신학대학 교수를 초빙했는데, 설교 중에 「술·담배를 금하는 것은 옛날 선교사들이 낭비를 못하게 하려고 금했던 것이지, 성경이 금하고 있는 것이 아니니까 이제는 교회에서도 술·담배를 허용해야 한다」고 말하였다면서, 신학대학 교수가 그럴 수가 있느냐면서, 분노하는 여집사님도 있었습니다.

또 그 H신학대학이 속해 있는 교단의 교역자 중에는 상당수가 술·담배를 하고 있다는 풍문도 있고, 아예 그 신학대학 복도에는 재떨이까지 마련되어 있다는 이야기도 들리고 있습니다.

또 보수 교단에 속한 교회라고 할찌라도 교인들이 은연중에 술·담배를 즐기기도 하는 모양입니다.

저도 가끔 젊은이들로 부터 "과연, 술·담배가 죄냐?"고 질문을 받기도 합니다.

그러나 더욱 우려되는 것은 일부 교역자들 중에는 이 문제에 대하여 분명하게 말해 주지 않는 분들도 있어 죄책감에 고민하는 교인들을 더욱 답답하게 하고 있는 현상입니다.

혹 어떤 이는 「천주교에서는 술·담배를 허용하고 있지 않습니까?」하고 질문하기도 하더군요.

천주교의 술·담배 허용 문제는 제가 지은 책 천주교도 기독교인가?, 숭문출판사, 1984」에서 분명하게 비판하였으니, 참고하시기 바라며, 이제 질문에 대해 몇 가지로 답변해 보겠습니다.

교회가 술·담배를 금하는 **첫째 이유는 성경이 그것을 금하고 있기 때문입니다.**

물론 담배에 대해서는 성경에 언급되어 있지 않습니다. 그것은 그 당시에 담배가 있지 않았기 때문일 것입니다.

"담배"라는 식물은 지구상 어디엔가 있었겠지만, 팔레스타인 땅에서 그것을 피우는 사람은 없었다는 말입니다.

그러나, 성경에 "담배"라는 말이 없다고 해서 담배에 대한 원리를 성경에서 찾아낼 수 없다는 견해는 옳지 않습니다.

성경에 "두부에 횟가루를 넣어서 팔지 말라"는 말이 없다고 해도, 그렇게 해서는 안되는 것과 마찬가지로, 담배 역시 술에 대한 말씀에 비추어서 생각해야 할 것이요, 「우리의 영과 혼과 육이 그리스도의 강림하실 때에 흠없이 보전되어야 한다(데살로니가전서 5:23)」는 말씀, 즉 우리가 온전히 거룩하게 되어야 한다는 말씀 속에 포함되어 있는 것입니다.

어떤 사람은 말하기를 성경에 "술을 먹지 말라"는 말이 없고, 예수께서도 가나의 혼인 잔치에서 친히 포도주를 만드셨고, 또 최후의 만찬에서 포도주를 잡수시고 제자들에게 주시지 않았느냐고 반문합니다.

그러나 그것은 술 먹는 것에 대한 하나의 궁색한 평계에 지나지 않습니다.

성경은 술에 대하여 항상 부정적입니다.

"성경에 술 먹지 말라는 말이 어디 있느냐?"고 하시는 분들에게 드리는 말씀입니다만, 성경에는 "술을 먹으라거나, 술을 먹어야 한다거나, 술을 먹어도 좋다"는 말이 없습니다.

반면에, 「술에 미혹되는 자는 지혜가 없고(잠언 20:1), 술을 좋아하는 자는 부하게 되지못하고(잠언 21:17), 술을 즐겨하는 자와는 사귀지 말라(잠언 23:20), 술 취하지 말라(에베소서 5:18), 술취하는 자와는 사귀지도 말고, 함께 먹지도 말라(고린도전서 5:11), 포도주는 뱀의 독이요, 독사의 악독이라(신명기 32:33), 음행과 포도주는 마음을 빼앗느니라(호세아 4:11), 포도주는 보지도 말라(잠언 23:31), 그것이 뱀같이 물 것이요, 독사같이 쏠 것이며(잠언 23:32), 술취하는 자는 하나님 나라를 유업으로 받지 못한다(고린도전서 6:10, 갈라디아서 5:21)」고 말하고 있습니다.

하나님께서 술 먹는 것을 좋아하신다면, 왜 성경이 이렇게도 술에 대해 부정적이겠습니까?

이스라엘의 풍토적 배경을 생각해 보면, 이 사실은 더욱 명백해집니다.

아시다시피, 이스라엘은 물이 귀한 지방입니다. 그래서 바위에 우물을 파 놓고, 빗물을 받아서 저장해 놓았다가 그것을 이용하기도 하고, 생수가 솟는 우물은 생활 여건 중에서도 가장 귀중한 존재였습니다.

그렇기 때문에 우물로 인한 다툼이 심했었고, 갈렙의 딸은 시집갈 때 우물을 달라고 요청하기도 했었습니다(여호수아 15:19). 그렇기 때문에 포도나무는 음료수를 제공할 수 있는 귀중한 존재였습니다.

즉 포도즙은 그 메마르고 뜨거운 기후의 유대 땅에서 하나의 귀중한 음료수 역할을 했었다는 사실입니다. 그럼에도 불구하고 하나님께서는 포도주에 대하여 그렇게도 대단히 부정적이었다는 것은 참으로 "진리를 설명해 주고 있지 않습니까?" 오늘날 우리는 물이 귀한 나라에서 살지도 않고, 포도주가 음료수 역할을 하고 있지도 않습니다.

세계 여러 나라 가운데서도 가장 좋은 물이 풍성하고, 또 사이다, 콜라 등의 청량 음료도 흔해 빠진 세상입니다.

그런데 "포도주"나 다른 모든 술에 취해 비틀거리는 것이 성경적으로 정당화될 수 있겠습니까?

예수께서 가나의 혼인잔치에서 물을 변하여 포도주가 되게 하신 것은, 기적을 나타내어서 자기가 메시야인 것을 제자들로 하여금 믿게 하려 함이었던 것이며(요한복음 2:11), 언어학자는 말하기를 그때 예수께서 만드셨던 포도주와 최후의 만찬에서 잡수신 것은, 발효된 포도주가 아니라, 단지 포도 열매의 즙(발효되지 않은)이었다고 하였습니다.[1]

둘째 이유는, 실제로 술, 담배가 인간에게 해롭기 때문입니다.

즉, 많은 경우에 있어 범죄의 원인이 되기도 하고, 육신의 건강을 해치며, 많은 경제적 손실을 가져오기 때문입니다. 노아가 포도주에 취하여 실수를 한 이래로(창세기 9:20~21) 인류사회는 음주에 의한 범죄에 시달려 왔습니다.

미국 필라델피아의 한 판사는 "범죄의 5분의 4가 술의 영향 아래서 감행되었고, 특히 사형선고를 받은 20명의 죄수 중에 술이 직접, 간접으로 원인이 되지 않은 예는 하나도 없다"고 하였습니다. 그리고 "리뷰 앤 헤럴

---

1) 유옥근, 「음주(술)! 과연 죄인가?」 (서울:세종문화사, 1982), pp. 173~176.

드(Review and Herald)지는 형무소에 수감되는 사람들의 10 중 9는 음주를 배운 자라고 하였습니다. [2]

또 미국의 여류 대음주가 마틴 칼리카크의 후손 7대 800명을 조사한 결과를 보면,

「① 살인죄 수감자 7명, ② 강도죄 60명, ③ 각종 범죄자 224명, ④ 걸인과 극빈자 150명, ⑤ 양육원 수용자 160명, ⑥ 매음부 199명, ⑦ 정당한 직업 20명(그 중 10명은 감옥에서 기술 배운 자)」라고 합니다. [3]

제사장인 나답과 아비후는 술에 취해서 다른 불을 하나님께 드렸다가 불로 심판을 받았습니다. 그래서 하나님은 포도주나 독주를 먹지 말라 하셨습니다 〈레위기 10:1~11〉.

이와 같이 술은 많은 범죄를 유발하고 있으며, 자손 대대로 악영향을 끼치고 있습니다. 뿐만 아니라, 술은 사람의 육체에 온갖 질병을 가져오는 원인이 되거나 악화시키는 원인이 되고 있습니다. 간장, 위장, 심장이나 정신과 두뇌와 임신부에 미치는 악영향은 지대합니다.

여기서 그런 의학적 사실을 일일이 열거할 필요는 없고, 다만 궁금한 독자들에게는 「음주(술)! 과연 죄인가? 유옥근 목사 저, 세종문화사, 1982」라는 책을 소개해 드립니다.

1983년도 전매청 집계로는 흡연인구가 47%(남자 42%, 여자 5%)인데,[4] 84년도에는 50%(남자 44%, 여자 6%)로 나타났고, 그 중 74.1%가 해롭다는 반응을 보였습니다. [5]

담배에는 유해물질이 약 4000종이나 들어 있어 인체에 아주 해를 끼치

---

2) Ibid., p. 105.
3) 허복부, 「성령론」(서울:청암출판사, 1974), p. 53.
4) 「조선일보」, 1983년 11월 1일자.
5) 「조선일보」, 1984년 2월 21일자

며, 하루 동안의 흡연은 1년 동안의 로스앤젤레스 스모그를 마신 것만큼이나 해롭다고 신문은 보도하고 있습니다. 특히 흡연은 손상된 DNA를 회복시키는 세포의 능력을 파괴한다는 것이며, 폐기종과 동맥경화의 원인이 됩니다.[6]

하루에 2갑 이상 피우는 25세 청년은 8.3년의 수명 단축을 가져오고, 암환자 사망의 1/3이 담배와 관련되었고, 심장마비 사망 원인의 25%를 담배가 차지하고, 폐암은 8배, 후두암은 6~10배, 식도암 3~6배, 신장암 1.5~3배, 췌장암 1.5~2배, 위암은 40%, 위궤양은 5배의 발병률이 높습니다. 또한 흡연은 두뇌 능력의 10%를 감소시키고 있고, 미국의 경우 담배불로 인한 화재는 연간 사망 25,000명, 부상 25,000명에 이르고 막대한 재산의 손해를 가져오기도 합니다.[7]

1984년도에 우리나라 담배 판매량은 76,565,362,000본으로써 판매액이 1조 4165억 34만 3000원이었습니다.[8]

하루 평균 38억 8천만 원을 불태워버린 것입니다. 1983년도 한국의 술 소비는 1조 543억원으로써 하룻밤에 약 29억원에 해당하는 돈을 술로 날려버렸는데, 이는 하루 저녁에 웬만큼 큰 회사 하나씩이 사라진 셈입니다.[9]

우리나라의 주량은 60년대에는 세계 최하위였으나 20년만에 제1위로 부상하였습니다(1984년). 지난해(1984년) 우리나라 사람들이 마신 소주병을 일렬로 연결하면 달나라(月)에 닿고, 경부고속도로를 420회나 왕복할 만한 길이라고 합니다.

---

6) 「동아일보」, 1985년 5월 1일자.
7) 「조선일보」, 1985년 2월 20일자.
8) 「전매통계연보(1985년도)」, pp. 80~81.
9) 「조선일보」, 1984년 1월 10일자.

1976년도에 우리나라의 술 소비액은 2800억원이었는데[10] 1984년도의 우리나라 술 소비액은 약 2조원이었습니다.[11] 우리 국민은 매일밤 93억 5천만 원의 돈을 술과 담배로 날려보냈습니다.

500~600억불의 외채와, 하루 100억원의 외채 이자를 감당하고 있는 우리나라 경제 여건에서 93억 5천만원짜리 회사가 하루에 하나씩 술, 담뱃값으로 사라져가고 있는 것입니다. 세계 제4위의 부채국인 우리나라가 세계에서 최고 술 많이 먹는 나라라고 유엔(UN)은 발표하였습니다. 참으로 부끄러운 사실입니다.

당신이 만약 하루 한 갑 피우는 담배를 끊는다면(500원짜리로), 1년에 18만 2500원을 저축할 수 있으며(양복 두벌값), 술까지 끊는다면, 상당한 액수를 저축할 수 있습니다.

셋째 이유는, 술, 담배는 분명한 죄이기 때문입니다.

술이 만약 죄가 아니라면, 어째서 하나님께서 술취하는 자들은 하나님 나라에 들어갈 수 없다(갈라디아서 5:21, 고린도전서 6:9~10)고 말씀하셨겠습니까?

어떤 이들은 그것은 일종의 비유라고 말합니다. 그렇다면, 같은 성경구절에 있는 음란, 우상숭배, 간음, 탐색, 남색, 도적질 같은 것들도 비유란 말입니까? 아니 도대체 비유가 뭔지 알고나 하는 소리인지 모르겠습니다. 또 어떤 사람은 술 취하지 말라 했으니 술을 적당히 먹고 취하지만 않으면 될 것 아니냐고 말하기도 합니다. 한 모금을 마시면, 한 모금만큼 취하

---

10) 「동아일보」, 1977년 12월 7일자.
11) 「조선일보」, 1985년 3월 19일자.

고 한 병을 마시면 한 병만큼 취하는 것입니다. 그러므로 그런 궁색한 변명은 하지 맙시다. 술을 보지도 말라고 한 말씀은(잠언 23:31) 곧 술을 먹지 말라는 말이 아니겠습니까? 솔직히 말해서 술, 담배가 지옥 가는 죄라고 생각하지는 않습니다. 누구나 예수 그리스도를 믿고 회개하여 거듭나면 하나님 나라에 가는 것이니까요. 그러나 회개한 사람은 회개에 합당한 열매를 맺어야 합니다(마태복음 3:8~10).

회개하였다고 하면서도 구태의연하게 술, 담배에 미련을 갖는 것은 유혹의 욕심을 따라 썩어져가는 구습을 쫓는 옛사람을 벗어버리지 못하고 새사람을 입지 못한(에베소서 4:22~24) 증거라고 생각합니다. 성경이 우리 그리스도인들에게 요구하는 것은 경건과 거룩과 깨끗함이지, 방탕과 더러움이 아닙니다.

"예수께서 다시 오실 때, 신부된 우리는 영과 혼과 몸이 거룩하고 깨끗하게 보전되어서 그리스도를 영접해야 한다"고 성경은 말하고 있습니다(데살로니가전서 5:23, 베드로후서 3:14).

또 성경은 말하기를, 우리는 하나님의 성령이 거하시고 계시는 하나님의 성전이며, 하나님의 성전이 거룩한 것처럼 우리도 그러하다고 말하고, 누구든지 하나님의 성전을 더럽히면 하나님이 그 사람을 멸하시리라(고린도전서 3:16~17)고 하였습니다.

거룩한 하나님의 성전된 우리의 육체를 어떻게 전매청 굴뚝이나, 양조장 구정물 통을 만들 수 있겠습니까? 구태여 디모데의 건강을 위해 포도주를 쓰라 했던 바울의 말을 인용하지 마십시오.

성경이 금하는 것은 약으로 먹거나, 성례식으로 쓰는 것을 금한 것이 아니라, 유흥과 오락으로 즐기기 위해서 먹는 경우를 의미합니다. 당신은 술 취한 경건한 사람이나, 술 취한 성령 충만한 사람을 보셨습니까?

성도의 이상적 상태는 성령 충만이요, 성결입니다. 그런데, 절대로 술 취하는 사람이 성령 충만한 것은 성경에도 2천년 기독교 역사에도 있질 않습니다. 술 취함은 방탕이지 경건이 아닙니다. 또한 성경에는 "믿음으로 좇아 하지 않는 모든 것이 죄니라"(로마서 14:23)는 말씀과 "먹든지 마시든지 무엇을 하든지 주의 영광을 위하여 하라"(고린도전서 10:31) 하셨는데, 당신은 술, 담배를 과연 하나님께 영광 돌리기 위해서 믿음으로 하고 있는지요? 하나님께서 그것을 기뻐하실까요? 술, 담배를 즐기면서도 그리스도인이 될 수는 있습니다. 그러나 문제는 어떠한 그리스도인이 될 것이냐 하는 것입니다. 방탕하고 옛사람의 습관을 버리지 못한 세속적 신자가 될 것이냐, 아니면 경건하고 성결하고 성령에 충만한 신령한 신자가 될 것이냐? 기왕 믿을 바에야 경건하고 신령한 신자가 되어야 하지 않겠습니까?

지금까지 살펴본 바와 같이 술, 담배는 건강상이나 경제적으로도 해로울 뿐 아니라, 신앙적으로도 전혀 이로운 것이 못되며, 오히려 경건하고 신령한 신자가 되지 못하게 방해하는 존재임을 느끼셨을 것입니다.

그러므로 당신이 만약 술, 담배 때문에 고민하는 신자라면 더이상 성경 구절을 가지고 물고 늘어질 것이 아니라 오히려 이러한 옛사람의 습성에서 해방되게 해달라고 하나님께 간절히 기도하는 것이 신앙적인 지혜라고 말씀드리고 싶습니다. 혹 당신이 교회를 나가고 싶은데 술, 담배 때문에 주저하신다면, 우선 먼저 그냥 그대로 교회로 나오시기 바랍니다.

술, 담배는 가장 중요한 문제가 아닐 뿐더러, 당신의 신앙이 깊어감에 따라서 하나님의 능력으로 그것들을 끊을 수 있게 되기 때문입니다. 만약 당신이 술, 담배를 끊은 후에 교회에 나오려고 하신다면 평생 나오지 못하게 될 가능성이 더 큽니다.

악한 세대가 되면, 거짓말로 술에 대하여 말하는 자가 선지자 대접을 받게 된다고 하였는데(미가 2:11), 지금이 바로 그런 때인 것 같습니다. 술, 담배가 죄가 아니니 먹어도 된다는 사람들의 소리에 교인들이 즐겁게 귀를 기울이는 것을 보면…

사람이 만일 허망히 행하며 거짓말로 이르기를 내가 포도주와 독주에 대하여 네게 예언하리라 할 것 같으면 그 사람이 이 백성의 선지자가 되리라 (미 2:11)

술도 담배도 없다 (급하고 강한 바람처럼)

　인도네시아에 부흥이 일어나면서 회개한 사람들에게 하나님께서 지시하신 첫 번째일 중의 하나가 금주, 금연이었다. 한국인들에게도 금주, 금연 문제는 간단한 일이 아닌 줄로 안다. 금주 문제로 고민하는 한국의 형제나 자매가 있다면 나는 이런 도전을 주고 싶다. 당신이 만일 우리 마을 티모르의 「소우」에 온다면, 그리고 만일 술을 한 잔이라도 찾아낸다면 나는 놀라 자빠질 것이다. 주님은 우리를 놀랍게 변화시키셨다. 「소우」의 사람들은 크리스챤의 삶이 하나님의 능력이 넘쳐 나는 삶뿐만 아니라 성결한 삶이어야 한다는 것을 잘 알고 있다.

　성경의 시편 29편 2절에 보면 이런 말씀이 있다. "여호와의 이름에 합당한 영광을 돌리며 거룩한 옷을 입고 여호와께 경배할찌어다." 커다란 비극 중의 하나는 많은 사람들이 죄 가운데 있으면서 하나님의 능력을 원한다는 사실이다. 어느 날 저녁에 한 청년이 나를 찾아왔다. 자신이 하나님의 능력을 받도록 기도해 달라는 용건이었다. 나는 그 형제가 아직 담배를 피우고 있음을 알고 있었다.

　"형제님, 기도해 드리는 것은 쉽습니다. 그렇지만 형제님 자신이 능력을 받기에 합당한 사람인가를 생각해 보세요." 내가 조용히 말해 주었다. "예, 저는 저의 모든 죄를 회개했습니다." 청년이 자신 있게 대답했다. "좋습니다. 그렇지만 당신의 보우트 문제는 어떻습니까?" 보우트란 말은 담배를 지칭하는 말이다. 바다에서 통통배가 굴뚝에서 연기를 뿜으며 다가오는 것을 연상해 보라. 그 보우트의 모습이 담배 피우는 것과 비슷하기에 우리는 담배를 속어로 '보우트'라고 부른다.

"만일 형제님이 주 예수님께 지저분한 굴뚝을 보여 드리기 원한다면 함께 기도할 수 있지요." 나는 그 청년을 쳐다보며 말했다. "더욱이 하나님은 거룩하신 분이시고 형제님의 몸은 하나님의 성전입니다. 성령께서 형제님의 몸에 충만히 거하시기 원하신다고 해도 그분은 연기 때문에 질식하기는 원치 않을 것입니다." "멜 형제님" 그가 반박을 시작했다. "흡연은 죄가 아닙니다. 당신은 이 문제를 너무 크게 말하시는군요. 디모데전서 4장 4절과 5절에 보면 하나님이 지으신 모든 것이 선하다고 했습니다."

"예…." 나는 우물거릴 수밖에 없었다. ― 가끔은 사탄이 빌리 그래함보다 설교를 잘한다. ― 그리고 그 형제는 신이 나서 나에게 계속해서 설교하기 시작했다. "그리고 디모데전서 4장 3절에서 5절 말씀에 보면 '식물은 하나님이 지으신 바니 믿는 자들과 진리를 아는 자들이 감사함으로 받을 것이니라' 하셨고 '하나님이 지으신 모든 것이 선하매 감사함으로 받으면 버릴 것이 없나니 하나님의 말씀과 기도로 거룩하여 짐이니라' 하셨습니다. 이 담배도 하나님이 창조하셨지요. 그러니까 제가 감사함으로 피우면 아무 문제가 없지 않습니까? 하나님 말씀에 그렇게 기록되어 있으니까요."

"예, 맞는 말씀입니다." 나는 일단 수긍할 수밖에 없었다. "듣고 보니 그렇군요. 내일 다시 한번 찾아오시면 좋겠습니다. 여러 가지 말씀을 함께 나누고 싶습니다." 그리고 우리는 서로 헤어졌다.

그날 밤에 나는 잠을 이룰 수 없었다. 주님께 간절히 기도했다. "주님, 제가 한 청년을 올바로 인도하고자 하는데 그 형제가 하나님의 말씀으로 자신을 합리화시키고 있습니다. 그가 말하기를 '하나님이 지으신 모든 것이 선하다'는 말씀이 있으니 자신의 흡연은 정당하다고 합니다. 저에게 그 형제의 잘못을 가르쳐 줄 지혜를 알려 주십시요." 주님은 이렇게 말씀하셨다. "지금은 자는 것이 좋다. 내일 아침에 그 형제에게 할 말을 알려 주겠다."

그 다음날 아침에 주님이 말씀하셨다. "저 소나무 밑에 가 보아라. 거기에 어떤 것이 있을 것이다." 그곳에 가보니 개밥이 그릇에 담겨 있었다. "그 개 밥그릇이 오늘 찾아올 형제를 위한 교훈이다." 나는 집에서 그 청년을 기다렸다. 그 형제가 왔다. "멜 형제님, 좋은 말씀이 생각나셨습니까?" "예, 형제님께 아주 좋은 소식이 있지요." 내가 웃으면서 대답했다.

"함께 가 보실 장소가 있습니다." 우리는 함께 소나무 밑으로 갔다. 그 형제는 내가 그에게 해 뜨는 광경을 보여 주려는 줄로 생각하였다. 그러나 나는 그에게 경치를 보여줄 생각은 아니었다. 우리는 함께 소나무 곁에 서 있게 되었다. "여기서 잠시 쉽시다. 이야기하고 싶은 것이 있습니다." 내가 운을 떼었다. "형제님, 아직도 하나님이 지으신 모든 것이 선하며 우리가 감사하므로 받으면 버릴 것이 없다고 생각하시지요" "예, 물론이지요" 그가 힘주어 대답했다.

"예, 좋습니다. 함께 기도하십시다." 그가 어리둥절해 하는 사이에 나는 그 형제의 어깨에 손을 얹었고 기도를 시작했다. "사랑하는 주 예수님, 저는 이 세상의 모든 것이 하나님이 지으신 거룩한 것이라는 훌륭한 원칙을 가진 형제와 함께 기도를 드립니다. 또한 주님을 경외하며 하나님이 창조한 모든 것을 받아들이는 이 형제로 인해 감사를 드립니다. 원하옵기는 주께서 지금 이곳의 모든 것을 거룩하게 하셔서 이 형제가 어느 것이나 즐겁게 받게 하옵소서. 아멘."

기도가 끝나자 그 형제는 내가 바나나 혹은 주머니 속의 과일이나 꺼내 줄줄 알았던 모양이다. "형제님, 나는 형제님이 스스로 한 말을 입증해 주시기 바랍니다. 형제님은 방금 이곳의 모든 것을 거룩케 하는 저의 기도를 들으셨습니다. 그러니까 형제님은 기도로 말미암아 이곳의 모든 것이 깨끗하게 되었음을 믿으시지요?" 그는 무슨 일이 전개될지도 모르면서 고개를 끄덕였다.

나는 웃으면서 개 죽을 한 숟가락 떠서 그 형제의 입으로 가져갔다. "형제님, 이것을 맛있게 드시겠습니까?" (내 생각에 한 1인치 정도까지 가져갔던 것 같다) 그는 일그러진 표정으로 나를 쳐다보았다. "멜 형제님, 당신은 참 짓궂은 사람이군요." "아니오, 이것은 장난이 아닙니다." 나는 정색을 하고 말했다. 그리고 내가 숟가락을 조금 더 가까이 가져가자 그는 비명을 질렀다. "아니, 제발 치워 주세요." "형제님 당신의 원칙을 지키셔야지요." 나는 엄한 표정을 지었다.

"하나님이 창조하신 모든 것이 선합니다. 형제님은 저의 기도가 충분치 못했다고 생각합니까?" 그는 고개를 떨구었다. "멜 형제님, 죄송합니다. 제가 성경을 잘못 알았습니다." 이처럼 많은 경우에 우리는 그릇된 말씀의 기반에 서 있다. 예수님은 우리가 거룩한 백성이기를 원하신다. 우리는 거룩한 나라에 속해 있다. 그리고 거룩의 의미는 '거룩함' 그 이상도 이하도 아니다. 우리에게 거룩한 삶을 살 수 있게 해주시는 예수님과 성령께 감사를 드린다. [12]

---

12) 멜·태리, 「급하고 강한 바람처럼1」, 정운교 역 (하늘기획), pp. 39~43.

02

교회는 그 많은 돈을
다 어디에 씁니까?

Q 저는 믿지 않는 사람들이나 초신 자들로부터 다음과 같은 질문을 받을 때가 많습니다. 즉, 「교회에 가면 왜 그렇게 헌금을 강조하는지 모르겠다. 마치 하나님은 십일조 잘 내고 헌금 많이 하는 사람만 복을 주시고 그렇지 못한 사람은 복을 주시지 않는 분 같다. 가장 돈에 초연해야 될 교회가 왜 그렇게 돈을 강조하는지 모르겠다. 교회에 나가고 싶어도 돈 때문에 못 가겠다. 그리고 왜 그렇게 헌금의 종류가 많으냐? 이건 순전히 돈을 긁어내려는 작전이 아니냐? 그렇게 많이 들어오는 돈을 목사님 혼자 어디다가 쓰는지 모르겠다. 그리고 어떤 교회는 수백억씩 들여서 교회를 짓는다는데, 교회가 돈을 그렇게 낭비해도 되는 것이냐? 도대체 우리나라에 교회도 많은데, 교회가 사회를 위해서 한 일이 무엇이냐?」 등등의 질문들입니다.

그때마다 저는 극구 변명을 하며, 교회를 두둔하고 있지만 저 자신도 어떤 때는 의구심을 가질 때가 많습니다.

목사님들이 강단에서 헌금을 강조하실 때는 약간의 거부감을 느낄 때도 있고, 또 전체 한국교회의 1년 예산이 2조원 정도 된다는데, 그 많은 돈을 가지고 과연 교회가 얼마나 구제를 하였는가도 의심스럽게 생각합니다. 어느 분의 책을 보니까 헌금의 종류가 38가지나 된다고 하던데, 과연 그것이 성경적인 것인지도 의문스럽고, 수많은 돈을 들여 교회 건물을 짓고 치장해야 하는지도 궁금합니다.

또 과연 교인들이 정성스럽게 헌금한 돈이 과연 어디에 어떻게 쓰여지고 있는지도 궁금하고요. 그렇다고 이런 것들을 우리 목사님께 물어보자니 꼭 따지는 것 같아서 그러지도 못하고…

목사님, 저의 이런 궁금증이 잘못된 것일까요? 자세한 설명을 해 주신다면 정말 감사하겠습니다.

A 형제님의 질문을 요약해 본다면, 대략 다음과 같습니다.

① 교회에서는 왜 헌금을 강조하느냐?

② 헌금의 종류가 왜 그리 많으냐?

③ 그 헌금을 사회 봉사에 쓰지 않고 왜 자체 소비를 하느냐?

④ 헌금이 과연 어디에 어떻게 쓰여지고 있느냐?(혹시 목사가 다 먹는 것 아니냐?)

이런 질문들은 아마도 교인이라면 누구나 한번쯤은 해보고 싶은 것이며, 특히 교회에 대해 부정적 견해를 가진 사람들의 입에서도 자주 나올 만한 질문입니다.

이런 질문에 대해서 상식적인 대답만으로는 무의미하다고 생각하며 오히려 하나님의 말씀이 어떻게 말하고 있느냐를 살펴보아야 된다고 생각합니다.

교회에서는 절대로 헌금만을 특별히 강조하지는 않습니다. 다만, 언제나 모든 면에 있어서 성경에서 말하고 있는 진리를 교인들에게 가르칠 뿐입니다. 그런데 다른 것들에 대해서는 아무리 자주 반복하여 세밀하게 가르쳐도 교인들이 그렇게 반발하지 않습니다. 그런데 유독 헌금 문제만 나오면 심한 반발을 보입니다. 그리고 헌금을 강조한다고 비판합니다.

똑같은 성경 말씀인데 "정직해라, 진실해라, 기도 많이 하라, 큰 믿음을 가져라, 하나님을 사랑하라"고 말하면 당연하다고 생각하면서도, "헌금 많이 해라"하면 발끈하고 반발심이 일어납니다. 왜 그럴까요? 그것은 사람들이 아직도 물질의 노예에서 해방되지 못했기 때문입니다(마태복음 19:16~22).

마태복음 19:16~22에 보면, 영생의 길을 찾던 한 젊은이가 있었습니다.

그는 그의 고민(어떻게 하면 영생을 얻을 수 있을까?)을 예수님께 말씀드렸습니다.

예수께서는 영생을 얻으려면 계명들을 지키라고 말했습니다. 무슨 계명이냐고 묻는 그에게 예수께서는 십계명을 지키라고 말씀하셨습니다. 그랬더니 그 청년은 "그런 것은 내가 다 지키었다"고 대답했습니다. 그때 예수께서는 "네 소유를 다 팔아서 가난한 자들을 주라 그리하면 하늘에서 보화가 네게 있으리라. 그리고 와서 나를 따르라"고 하셨습니다. 그러나 그 청년은 부자인고로 재물을 포기할 수 없어 근심하며 돌아갔습니다.

그는 자신을 의롭게 하는 계명은 지킬 수 있었고, 예수를 따르고 싶기도 했고, 영생을 얻기를 원했습니다. 그러나 자기의 물질을 다 포기하고 싶지는 않았습니다. 그에게 있어서의 문제는 물질이 많은 부자라는 것이 아니라, 그 물질을 포기할 수 없었다는데 있습니다. 그래서 예수께서는 제자들에게 "약대가 바늘귀로 들어가는 것이 부자가 하나님 나라에 들어가는 것보다 더 쉬우니라"고 하셨던 것입니다(마태복음 19:16~24).

이 세상의 소유물에 미련을 가진 사람은 결단코 예수의 제자가 될 수 없다는 말씀입니다(누가복음 14:33).

성경이 말하는 것은 「모든 재물은 하나님의 것이지 네 것이 아니다. 다만 너는 내가 맡겨준 재물을 관리하는 청지기일 뿐이다. 그러니 네가 모았다고 해서 네 것이라고 생각하지 말라. 실은 나 하나님이 너로 하여금 재물을 모을 수 있게 해준 것이다(신명기 8:17~18).

그러니 너는 그 재물을 가지고 먼저는 나를 위해서 쓰고, 그 다음엔 너 자신을 위해서 쓰고, 그 다음엔 다른 사람을 위해서 쓰라」는 것입니다.

사람들이 헌금에 대해 강한 반발심을 보이는 것은 그들 자신이 마치 자기가 번 돈을 자기 것인 줄로 착각하고 있기 때문에 내놓기가 아까와서 그러는 것입니다. 실은 이 세상의 모든 것이 다 하나님의 것인데도 말입니다(역대상 29:10~14).

생각해 보십시오. 모든 재물이 다 하나님의 것이라고 생각한다면, 하나님의 것을 하나님께 도로 드리는 것이 무엇이 아까울 것이며, 다른 사람을 돕는데 쓰는 것이 무엇이 그렇게 아깝겠습니까?

이게 다 하나님의 것을 자기 것으로 알고 있는 인간들의 탐욕 때문입니다.

그렇다면, 성경은 헌금에 대해 무엇을 말하고 있는가?

이것은 상당히 많은 내용이기 때문에 요점만 말씀드려야겠습니다. 성경이 말하고 있는 헌금의 최저 수준은 십일조와 첫열매입니다.

즉, 하나님은 모든 소득의 십분의 일(1/10)과 첫열매를 하나님의 것으로 규정하시고(신명기 12:5; 14:22~29; 레위기 27:30~33; 민수기 18:23~32; 마태복음 23:23), 십일조와 헌물하지 않는 것은 하나님의 것을 도적질하는 것이라고 단정하고 있으며(말라기 3:8~9), 온전한 십일조를 내는 자에게는 하늘 문을 열고 복을 주시되 쌓을 곳이 없도록 부어주시겠다고 하였습니다(말라기 3:10~12).

예수께서도 십일조를 해야 한다고 말씀하셨고(마태복음 23:23), 물질로 하나님을 섬기는 자에게는 창고가 차고 넘치도록 축복해주시고(잠언 3:9~10), 헌금을 많이 한 자는 많은 축복을 받을 것이라고 말하고 있습니다(고린도후서 8:6, 10). 그러나 인색함으로나 억지로 해서는 안됩니다. 왜냐하면, 하나님은 즐겨내는 자를 사랑하시기 때문입니다(고린도후서 8:7).

이상의 내용을 간추려 본다면,「십일조와 첫열매는 헌금의 최저 수준이며 이를 이행치 않는 것은 하나님의 것을 도적질하는 것입니다. 뿐만 아니라, 십일조는 축복의 씨앗입니다. 아무리 배가 고파도 씨앗을 먹어서는 안됩니다. 눈물을 흘리며, 허리띠를 졸라매면서도 봄에 씨를 뿌려야 가을에 많은 수확을 거둘 수가 있기 때문입니다(시편 126:5~6).

그리고 가능하면 헌금을 많이 해야 합니다. 왜냐하면, 적게 심은 자는 적게 거두고 많이 심는 자는 많이 거두기 때문입니다. 그러나 인색한 마음이나, 하기 싫은 것을 억지로 해서는 안됩니다. 하나님은 즐겨내는 자를 사랑하시기 때문입니다.」

위너 메이커는 지독히도 가난한 집에서 태어났으나, 9살 때 성경을 읽다가 기도하기를 "하나님이여, 나로 하여금 천하에서 제일 많은 헌금을 바치는 사람이 되게 해주옵소서"하고 기도하더니 백화점 왕이 되었고, 대부호 록펠러는 8세때에 용돈으로 받았던 20센트에서 십일조를 내고 계속해서 십일조 생활하더니, 크게 축복을 받아 그의 회사 직원 가운데는 록펠러의 십일조를 계산하는 직원이 40명이나 되는 거부가 되었습니다.

사람들은 록펠러나 카네기같은 재벌들에 대하여는 말하면서도 그들이 신앙이나, 그들을 축복하신 하나님에 대하여는 말하지 않습니다. 왜 그럴까요?

그들은 하나님을 부인하고 싶은 것입니다. 교회에서 헌금에 대하여 가르치지 말라고 하는 말은 교인들에게 하나님을 바로 섬기는 법과, 축복받는 법을 가르치지 말라는 것과 같은 말입니다. 인간의 생사화복이 하나님께 달려 있고, 하나님은 바로 은혜와 축복의 원천이시기 때문입니다.

하나님을 섬기되 바로 섬겨야 하나님의 사랑과 축복을 받는 것입니다.

헌금의 종류가 많다고 하셨지만, 실상 그렇게 많지도 않습니다. 십일조와 주일헌금과 감사헌금과 특별헌금의 4가지가 보통입니다.

십일조는 성경이 말하는 최저 수준의 헌금이고, 주일헌금은 "하나님께 올 때는 빈손으로 오지 말라"는 성경의 가르침(출애굽기 23:15; 신명기 16:16)에 따라 주일마다 드리는 것이고, 감사헌금은 하나님께 감사하고 싶을 때 드리는 것이고, 특별헌금은 어떤 특별한 목적을 위하여 드리는 헌금입니다. 38종이나 된다고 한 것은 아마도 감사헌금의 종류를 일부러 나열한 것일 것입니다.

사람이 사는데는 일도 많고, 그만큼 하나님의 은혜를 많이 받기 때문에 여러 가지 이유로 감사하게 됩니다. 결혼, 출생, 이사, 취직, 진학 등등 감사의 종류를 다 나열한다면 어디 38종 뿐이겠습니까? 그런 책을 쓴 사람은 교회를 헐뜯기 위하여 일부러 헌금의 종류를 부풀려서 글을 썼을 것입니다.[1]

형제께서는 질문하시기를 사회봉사와 구제에는 인색하면서 왜 많돈을 들여서 예배당을 짓느냐고 질문하셨죠? 이제 이해를 돕기 위해 먼저 마태복음 26:7~13의 내용을 소개해 드립니다.

한 여자가 매우 귀한 향유 한 옥합을 가지고 나와서 식사하는 예수의 머리에 부으니 제자들이 보고 분하여 가로되 무슨 의사로 이것을 허비하느뇨. 이것을 많은 값에 팔아 가난한 자들에게 줄 수 있었겠도다 하거늘 예수께서 아시고 저희에게 이르시되 너희가 어찌하여 이 여자를 괴롭게 하느냐. 저가 내게 좋은 일을 하였느니라. 가난한 자들은 항상 너희와 함께 있거니와 나는 항

---

1) 한용상, 『서울 예수』(서울:동광출판사, 1984), pp. 166~167.

상 함께 있지 아니하리라. 이 여자가 내 몸에 이 향유를 부은 것은 내 장사를 위하여 함이니라. 내가 진실로 너희에게 이르노니 온 천하에 어디서든지 이 복음이 전파되는 곳에는 이 여자의 행한 일도 말하여 저를 기념하리라 하시니라.

위의 내용은 〈마가복음 14:3~9, 요한복음 12:1~11〉에도 있는 내용으로써, 그 여인이 부은 향유는 삼백 데나리온(한 데나리온은 장정 하루의 품삯, 300데나리온은 현재 한화로 300만원 이상임)도 더되는 것이었으니, 얼마나 큰 낭비였습니까?

그러나 예수님은 오히려 그 여인을 칭찬하셨습니다. 왜 그럴까요? 그것은 예수님은 만물의 주인이시기 때문에 주님을 위해 사용하는 것은 낭비로 볼 수 없기 때문입니다. 세상 모든 만물이 주님을 위해 존재하고 있기 때문에 그보다 더 귀한 용도는 있을 수 없는 것입니다.

교회는 사회봉사나 가난한 자의 구제를 위해서 있는 기관이 아닙니다. 교회는 하나님의 집이며, 진리의 기둥과 터입니다(디모데전서 3:15). 교회는 하나님을 예배하고, 사람들에게 하나님의 진리(성경말씀)를 가르치며 전도하기 위해서 하나님께서 세우신 하나님을 위한 하나님의 집입니다.

그렇다고 해서 교회나 교인들이 우리 한국 사회를 위해서 아무것도 한 것이 없는 것처럼 말하지는 마십시요. 언론의 보도에 따르면 사회복지 기관의 84%를 교회가 운영하고 있습니다(전국 545개 기관 중 455개를 교회나 교인들이 운영하고 있음).

숨어서 봉사하기 때문에 나타나지 않고 있을 뿐입니다. 그 실상을 도표로 보면 다음과 같습니다.[2]

---

2) 「교회연합신보」 1984년 7월 15일자.

기 관 명	전체 숫자	교회 운영 숫자	비 고
모 자 보 호 기 관	33	33	
노 인 복 지 기 관	58	33	
영 · 육 아 기 관	296	273	
장 애 자 복 지 기 관	94	80	
청 소 년 기 관	27	6	
부 녀 복 지 기 관	11	9	
가 족 복 지 관	8	5	
지 역 사 회 복 지 기 관	18	11	
대 학		17	그 밖에도 사립학교
중 · 고 등 학 교		233	의 30%를 기독교인
국 민 학 교		6	이 운영
성 경 구 락 부		63	100만명 배출
기 청 공 민 학 교		63	1,848 배출
종 합 병 원		41	원목파견은 71개병원

그러나 교회를 사람들이 만든 다른 사회기관처럼 오해하면 안됩니다. **교회는 오직 하나님을 위한 하나님의 집입니다. 가난한 자의 구제와 사회봉사는 신자 개개인이 할 일이지(성경은 이것을 적극 권장하고 있습니다). 교회의 본분은 아닙니다.** 그렇기 때문에 교회가 하나님께 예배드리기 위해 예배당을 짓는 것은 조금도 낭비일수가 없으며, 더 잘 경건하게 예배하기 위한 시설에 투자하는 것도 낭비일 수 없습니다(물론 쓸 데 없는 사치는 예외입니다만). 고급호텔을 짓는데 평당 몇 백만 원씩 들고, 중앙청 전철역 하나 짓는데 몇 백억 원을 써도 사람들은 아무말 하지 않으면서, 예배당 짓는데 평당 70만원만 들여도(이것은 부실공사를 간신히 면하는 수준입니다) 비난을 퍼부어 댑니다.

왜 그럴까요? 온갖 음란과 방탕과 죄악의 장소인 호텔은 호화찬란하게 지어 놓으면 잘 지었다고 하면서 교회를 좀 보기 좋게 지으면, "지랄들 한다"고 하니 누가 정말 지랄하는 것입니까?

솔로몬이 지은 예루살렘 성전에 대해 성경에서 읽어보셨지요? 오늘날의 예배당은 그에 비하면 얼마나 검소합니까? 또한 몇 백억 들여서 예배당을 짓는 교회가 얼마나 되길래 야단들입니까? 다섯 손가락을 꼽을 만큼도 없습니다.

1년에 몇 차례 모여서 싸움질하는 국회의사당을 짓는 데는 몇 백억 혹은 몇천 억을 썼는지 따져 보셨나요? 하나님께 예배하는 예배당을 아름답고 경건하게 꾸미는 것이 그렇게도 배가 뒤틀리십니까?

한국교회 전체 1년 예산이 2조원이나 된다고 말씀하시면서 그 많은 돈을 다 어디에 쓰냐고 하셨죠? 그렇다면, 우리나라 사람들이 1년에 술, 담배로 3조 5천억 원씩 하루에 약 100억 원씩을 낭비하는데 대해서는 왜 입을 다물고 있습니까? 왜 한 상에 100만 원짜리 요정 출입하는 자들에게는 아무 말도 안하십니까? 1년에 2조원이라면 교회 수를 3만개로 잡더라도, 교회의 평균 1년 예산은 6,600만원에 지나지 않으며, 실제로 대도시의 큰 교회들을 제외한 보통의 교회들은 그보다도 훨씬 못되는 1000만원 정도의 예산을 가지고 꾸려 가고 있습니다.

교회가 결코 헌금을 낭비하고 있지 않다는 것을 이해하기 쉽도록 맨 뒤에 어느 교회의 재정보고서를 예시해 드리겠습니다. 그리고 대부분의 사람들은 교회 헌금을 목사님이 다 갖는 것으로 생각하는 것같습니다. 그래서 교회를 개척하려고 장소를 물색하러 다니다 보면 흔히 듣는 것이 "요새 교회 차리면 돈 번다면서요?"하는 소리입니다. 그때마다 속이 좀 메스껍지만 참아야죠. 그들은 몰라서 그러니 …아시다시피 교회에는 목사, 전도사의 유급 교역자 말고도, 장로, 권사, 집사의 무급 직원들이 있습니다. 직원들은 여러 가지 교회 사무를 나눠 맡습니다. 그 중에는 교회의 재정 (헌금)을 관리하는 재정집사 혹은 회계집사가 있습니다. 재정집사는 교회의 재정(헌금)을 수금하여서 목사님의 감독 하에 정해진 예산에 의해 관리하며, 매월 정기 직원회(제직회)에서 보고를 합니다. 그리고 교회의 1년 예산은, 예산편성 위원들에 의해 편성되어서 매년 말이나 연초에 세례교인들로 구성되는 사무연회(혹은 공동의회)에서 허가를 받아야 하며, 결산도 마찬가지입니다. (교회의 정회원은 세례교인이며, 이 세례 교인들로 이루어진 총회가 바로 공동의회 혹은 사무연회입니다.)

재정집사나 회계집사는 교회의 결정에 따라 매년 바뀌거나 유임될 수도 있습니다. 그리고 교회의 예산, 결산은 지방회(노회)와 전국 총회에 서면으로 보고되고 있습니다. 만약 교회재정의 관리에 잘못된 점이 있다면, 교회 회원은 누구나 그것을 지적하여 시정하도록 공동의회에서 말할 수 있습니다.

교회의 헌금은 하나님께서 보시는 가운데 양심적으로 검소하고 건전하게 관리되고 있습니다.

소수의 사이비한 교회가 말썽을 일으키는 경우가 있다고 해서 전체 교회를 색안경 끼고 보는 것은 옳지 못한 일입니다. 십일조와 헌금에 대해 더 자세히 아시고 싶은 분들은 "십일조론(석원태 목사 저, 경향문화사, 1985)"이란 책을 참고하시기 바랍니다.

──Reference book (참고 도서)

하나님은 신실하십니다 (잊을 수 없는 경례)

콘웰(Russell Conwell) 목사가 필라델피아의 템플 침례교회에 시무할 때의 일이다. 기도회를 마친 어느 날 저녁 목사님은 교인들에게 묻기를, 십일조 헌금의 생활을 오랫동안 해온 사람이 있는가고 질문을 했다. 그러자 일곱 사람이 손을 들었다. 콘웰 목사는 그들로 하여금 앞에 나와서 간증을 하게 하였다. 한 사람씩 나와서 간증을 하는데, 여섯째 사람에 이르기까지 모두 십일조로 인한 하나님의 놀라운 은혜와 축복을 감동 깊게 간증하는 것이었다.

이제 마지막으로 일곱 번째의 사람이 나오는데, 그는 머리가 희고 기운이 없어 보이는 부인이었다. 그는 좀 머뭇거리는 태도로 간신히 말을 하는 것이었다.

"저에게는 앞의 분들과 같은 그런 간증이 없습니다. 나는 여러 해 전부터 하나님께 십일조를 바치겠다고 약속한 것을 지키느라고 어려운 생활에 더욱 절약을 하고 지냈습니다. 그러나 저는 이제 나이가 많아졌고 곧 직장도 잃게 되었습니다. 나는 직장을 잃고 나면 어떻게 살아야 할는지 아무런 방도가 없습니다."

그 여인이 이러한 말을 끝내고 들어가자 사람들은 모두 조용해졌고 냉랭하고 낙심된 분위기로 헤어지고 말았다.

이튿날 콘웰 목사는 당시 백화점의 왕이요, 훌륭한 크리스챤이었던 존 와나메이커 씨에게 점심 초대를 받고 함께 식사를 하게 되었다. 와나메이케 씨는 식사를 하면서 자기 회사의 일을 이야기하는 것이었다.

"콘웰 목사님, 저는 우리 회사에 오랫동안 잘 근무한 직원들을 위한 연금제도 실시를 위하여 수년 동안 연구를 하고 계획을 해왔습니다. 그런데 우리 회사에서는 오늘 처음으로 과거 25년간을 잘 근무하여 온 한 사람에게 평생 연금을 수여하게 되었습니다. 우리 회사의 자랑스러운 일이요, 저도 큰 보람을 느낍니다!"

이야기를 계속하는 와나메이커 씨가 그 평생 연금을 타게 되는 회사원의 이름을 대었을 때, 콘웰 목사는 너무나 깜짝 놀라지 않을 수 없었다! 왜냐하면 그 최초의 연금을 그날에 받는 사람이 바로 어제 교회에서 일곱 번째로 간증을 했던 그 여성도였기 때문이었다!

하나님은 신실하십니다! 아멘![3]

---

3) 윤영준 편, 『잊을 수 없는 경례』(서울:요단출판사, 1990), pp. 66~67.

03

기독교는 왜
제사를 반대합니까?

Q 저는 어느 교회에 출석하는 청년입니다. 그런데 저희 집은 집안의 장손이기 때문에 조상들의 제사를 늘 저희 집에서 지내게 됩니다. 그 때마다 저는 곤욕을 면치 못하며 심한 갈등을 겪습니다. 저 자신도 조상에게 제사 드리는 것이 헛된 일이며, 하나님께서도 기뻐하시지 않는 일이라고 생각하고 있습니다만, 조상도 모르는 녀석이라고 가족들이 몰아부칠 때는 뭐라고 답변해야 하며, 과연 제사에 대하여 내가 취할 올바른 자세는 무엇인지 걱정스런 것이 한 두 가지가 아닙니다.

목사님, 조상에 대한 제사는 하나의 민족적인 미풍양속이지 종교적 미신이 아니라는 주장에 대하여, 그리고 제사가 곧 효도인양 생각하는 사람들에게 뭐라고 답해주어야 합니까?

그리고 저와 같은 믿지 않는 가정에서 혼자 신앙을 지켜야 하는 교인들은 어떻게 행동해야 지혜로운 신앙적 자세가 될까요?

A 참으로 중요한 문제를 말씀해 주셨습니다. 몇년전입니다만, 어느 큰 교회의 유명한 목사님이 설교 시간에 조상에 대한 제사에 대하여 언급하면서, 실수하는 바람에 이단으로 몰린 적이 있습니다. 그만큼 조상에 대한 제사에 대하여 한국교회는 완강하게 거부하는 편입니다. 물론 천주교는 제사를 허용하면서 대신 제사를 지내주기도 하는 모양입니다만, 그것은 남의 종교 이야기니까 접어두고라도, 요즈음 토착화 운운하는 몇몇 신학자들은 조상에 대한 제사를 미풍양속으로 받아들이는 모양입니다. 이 문제에 대하여는 두 가지 방면으로 답변을 드리고자 합니다.

하나는 제사를 우리 민족의 미풍양속이라면서 효도의 일환으로 보는 견해에 대한 반박이며, 다른 하나는 그리스도인들은 이 제사에 대하여 어떻게 처신해야 하는가에 대해서입니다.

첫째, 제사는 우리 민족의 미풍양속도 아니며, 효도의 방법도 아니라는 사실입니다.

왜냐하면, 조상에 대한 제사는 중국의 풍습이었지, 우리나라의 고유한 풍습이 아니었으며, 미신을 조장하는 우상숭배이지 결코 아름다운 풍속이 아니며, 진정한 효도가 아니라 오히려 불효이기 때문입니다.

우리나라 반만년 역사 가운데 제사가 들어온 것은 이조시대 이후이니 겨우 500년밖에 안된 것입니다. 중국에서 유래한 것이니 그것은 중국의 풍습이지 우리나라의 고유한 풍습은 아닌 것입니다. 다만, 이조의 사대주의자들에 의해 중국 풍습이 우리나라에 들어온 것에 지나지 않습니다.

중국에서는 원래가 황제가 죽었을 때에 훌륭한 황제에 대해서 제사하는 일이 간혹 있었는데, 자기 아버지가 훌륭한 임금이었다는 것을 내세우기 위해 모든 왕들이 제사를 지내다가 그후 제후들도 재상들도 자기 가문을 자랑하기 위해 제사를 지내기 시작하였습니다. 그러다가 춘추전국시대가 되어 모든 질서가 무너지자 평민들이 "왕들의 조상만 훌륭하냐? 우리 조상도 훌륭하다"고 생각하면서 왕의 허락도 없이 제사를 지내기 시작했습니다. 맨 처음에는 왕조 계승과 왕가의 권위를 내세우기 위한 것이었으나 점차 변질되어 아주 오랜 뒤 송나라 주희에 의해 철학으로까지 발달되었으며, 주자학이 우리나라에 들어옴에 따라 이 제사도 우리나라에 들어오게 되었습니다.

우리나라에서도 정종 때까지는 백성들에게 별로 호응을 받지 못하다가, 왕가에서 덕행교육의 일환으로 적극 장려하는 바람에 수많은 폐단을 안고 있으면서도 민간에 퍼지게 된 것입니다.

사람들은 흔히 기독교는 서양적이고, 불교·유교는 한국적인 것처럼 말하지만, 실상 불교는 인도적이요, 유교는 중국적인 것입니다.

"제사 안 지내는 놈은 상놈이다"라고 말하는 것은 "제사지내는 양반은 되놈(중국놈)이다"라고 말하는 것과 같습니다.

제사는 중국의 풍습이지 우리 민족의 풍속은 아닙니다.[1] 아니, 설사 그것이 우리나라에서 생긴 풍습이라 하더라도 그것이 좋은 풍습이 아닌 한 그것을 고집할 필요가 없는 것입니다.

요즈음 전통문화 수호, 혹은 우리 것을 찾자는 미명 아래 하는 짓들이 무엇입니까? 우상숭배와 미신이 아닙니까? 돼지머리 놓고, 그 입에다 돈을 끼워 놓고 그 앞에서 절하는 것들이 뭐가 그리 과학적이고, 윤리적이고, 상식적이고, 합리적이라고 그런 짓을 하는지 모르겠습니다. 그런 사람일수록 하나님과 성경에 대하여는 비과학적이고 전근대적이라고 웃어

---

1) 이종윤 편집, 『한국교회와 제사문제』 (서울:도서출판 엠마오, 1985), pp. 31~46.

버리기 일수입니다. 뿐만 아니라 제사는 우상숭배입니다.

제사 지내는 사람들은 사람이 죽으면 귀신이 되어 떠돌아다닌다고 생각하며, 그 귀신이 은혜를 갚기도 하고 복수를 하기도 하기 때문에 이 조상귀신을 잘 모셔야 집안이 잘된다고 생각합니다. 그래서 산소를 잘 써야하고 제사를 잘 차려야 한다고 생각합니다.

그러나 하나님의 말씀에 의하면, 사람이 죽으면 그 영혼이 귀신이 되는 것이 아니라 죽은 사람의 영혼중 신자는 낙원에서 복락을 누리고, 불신자는 음부에서 고통을 당하는데 그곳은 서로 왔다갔다할 수 없는 곳이요, 또 세상으로 올 수도 없습니다(누가복음 16:19~31).

귀신은 죽은 사람의 영혼이 아니라, 하나님을 반역하다가 쫓겨난 타락한 천사들인바, 그 대장은 마귀 사탄이요, 그 부하들이 귀신들입니다(유다서 1:6; 베드로후서 2:4). 그런데 그 귀신들이 때로는 죽은 조상의 영혼이 나타난 것처럼 농간을 부리기 때문에 사람들이 속아서 죽은 조상의 귀신이 역사하는 줄 아는 것입니다.

만약 죽은 사람의 영혼이 귀신이 되어 화복을 내린다면, 요즈음은 매장만큼이나 화장도 많이 하는데, 화장한 집마다 조상귀신들이 내버려둘 리가 있습니까? 왜 삼년상이 줄어서 100일 탈상을 합니까? (100일이 줄어서 49일 탈상, 요즈음은 삼우제때 탈상을 함) 조상 귀신한테 혼나려고….

조상에게 제사하는 사람들은 마치 죽은 조상이 "화나 복을 내리는 귀신"인줄 알고 조상귀신을 섬기는 것이기 때문에 결국은 하나님 외에 다른 신을 섬기지 말라는 하나님의 명령에 정면으로 위배되는 것이며, 신이 아닌 것을 신으로 숭배하는 우상숭배와 미신인 것입니다.

어느 목사님의 대학원 석사 논문에 의하면, 실제로 제사상의 제물은 제사 전보다 제사 후에는 무게가 줄고 맛과 영양이 현저히 감소된다고 하며, 그 이유는 귀신들이 그 음식물의 영양을 다 뺏어 버리기 때문이라고 하였다는데, 상당히 일리 있는 이야기입니다. 조상에 대한 제사는 결국 본의 아니게 마귀 사탄과 그 귀신들에 대한 제사가 되고 마는 것입니다. 성경에 보면, 이스라엘 백성들이 애굽을 떠나서 가나안으로 가던 도중에 모압 평지에 머물고 있을 때에 모압족속들이 섬기던 바알브올이라는 신을 섬겼다가 하나님의 벌을 받아 염병으로 수만 명이 죽었습니다(민수기 25:1~18). 그런데, 바알브올이란 죽은 조상에게 제사하는 종교였습니다(시편 106:28~31). 이로 보건데 죽은 자에게 제사하는 것은 저주받을 일임이 확실합니다.

하나님은 우상숭배를 제일 미워하시며, 이스라엘과 유대나라는 이 우상숭배 때문에 앗시리아와 바빌로니아에 의해 멸망하였던 것입니다.

하나님은 십계명 제 1, 2계명을 통해서 세상의 그 어떠한 신이나 우상도 만들거나 섬겨서는 안된다는 것을 강조하셨고(출애굽기 20:3~6), 우상숭배자는 돌로 때려죽이라고 하셨습니다. 왜냐하면 그것은 거짓된 신을 섬기는 것이며, 결국은 민족 전체가 망하기 때문입니다(신명기 13:6~18).

우리나라에도 옛부터 제사 많은 집은 기둥뿌리 마저 빠진다고 하였고, 패가망신한다고 하지 않았습니까? 뿐만 아니라 제사는 부모에게 효도하는 것도 아닙니다. 실제로 부모가 살아계실 때 불효한 자식 치고 제사는 성대하게 지냅니다. 왜냐하면, 일종의 불효에 대한 죄책감에 의한 보상심리와 남들에게 체면을 좀 세워 보려는 심사에서입니다.

성경은 철저하게 효도를 강조합니다. 부모를 공경하지 않는 자는 돌로 쳐죽이고(신명기 21:18~21; 출애굽기 21:5), 까마귀에게, 독수리에게 눈을 쪼이고 독수리 새끼에게 먹히리라 하였고(잠언 30:17), 하나님 안에서 부모를 공경하는 자는 땅에서 잘되고 장수하리라고 약속하고 있습니다 (에베소서 6:2~3).

그러나 이것은 어디까지나 살아 계신 부모님에게나 가능한 것이지 돌아가신 분들에게는 우리가 무엇을 할 수 있겠습니까?

성경은 죽은 조상에 대한 제사를 우상숭배와 미신으로 정죄하며, 반면에 살아 계신 부모님들께는 힘을 다하여 효도할 것을 강조하고 있습니다. 조상에 대한 제사는 진정한 효도가 아닐 뿐더러, 하나님의 진노를 가정에 불러와서 가정이 하나님의 축복을 받지 못하므로, 결국 패가 망신시키는 불효를 저지르는 결과를 가져오는 반기독교적 악습이라고 볼 수 있습니다.

둘째로, 그러면 우리 그리스도인들은 이 문제를 어떻게 처리해야 할까요?

가정이 다 믿는 가정이거나 가정의 주권자가 믿는 가정일 경우는 아무 문제도 없고, 오히려 더 은혜와 축복의 자리가 될 수도 있습니다. 즉, 돌아가신 날을 기념하여 가족들이 모여서 하나님께 예배를 드리는 것입니다. 이것을 "추도예배"라 하는데, 이 예배는 돌아가신 분을 위한 것이 아니라 유가족들의 슬픔을 위로하고, 하나님의 은혜에 감사하며 살아 있는 가족들의 신앙과 축복을 위한 것입니다. 그렇기 때문에 이 추도식은 실상 성경적으로 볼 때는 안해도 상관이 없습니다. 그러나 유가족들의 슬픔이 살아질 때까지는 추도예배를 드리는 것도 좋다고 봅니다.

그 기간은 약 2~3년간이면 족하다고 보며 그 이후에는 교회에 부탁하기 보다는 가족들끼리 상의하여 그만두든지 아니면 계속해서 가족끼리 예배를 드리든지 하면 될 것입니다. 그러나, 상을 차려 놓고 절을 한다거나 죽은 사람을 위해 기도하는 일 들은 해서는 안되는 것이며, 가족의 믿음 성장과 우애를 위한 설교와 하나님께 대한 감사의 기도와 가정의 영육 간의 축복을 비는 기도면 족하다고 봅니다.

음식은 예배후 가족끼리 정을 나누며 들도록 하고 이 예배가 오랜만의 가족회의나 교제의 기회가 되도록 해야 할 것입니다. 그러나 원치 않는다면, 추도예배는 드리지 않아도 무방합니다. 성경에는 죽은 조상에 대하여는 일체 언급하지도 않았고, 그것은 전혀 엉뚱한 문제이기 때문입니다. 사람은 살았을 때의 신앙여부에 따라 죽은 후에 천국과 지옥으로 갈 뿐, 죽은 후에는 전혀 아무런 기회도 없기 때문에 성경은 죽은 조상에 대한 제사같은 것이나 예배 같은 것은 전혀 말하고 있지 않습니다.

실상 추도예배란 제사 문제로 인한 마찰을 피해 보려고 한국 교회가 고안해 낸 편법에 지나지 않는 것이며 전혀 성경에서 권하고 있는 것이 아닙니다.

추도예배를 드리지 않는다면, 사람들은 좀 이상하게 생각할지 몰라도 하나님께서는 전혀 이상하게 생각하시지 않습니다. 오히려 더 기특하게 생각하실 지도 모릅니다. 다만, 추도예배를 안 드리는 가정에서는 생일날과 같은 때에 친척들을 초대하여 교제하는 시간을 갖도록 하는 것이 삶의 윤기를 더해 주리라고 권해 드리고 싶습니다.

믿지 않는 가정에서 홀로 외롭게 신앙을 지키는 분들은 청소나 음식 준비 등에는 가족들과 함께 동참함으로, 비협조적이라는 비난을 면하도록 하는 것은 지혜로운 일이지만, 제사에 동참해서는 안될 것입니다.

그 시간에 하나님 앞에 가족들이 회개하고 믿음을 갖기 위해, 가정의 화목과 축복을 위해 기도하는 자세를 갖는 것은 믿지 않는 가족들에 대한 일종의 간접적 복음 전도이며, 하나님께도 영광이 되리라 생각해 봅니다.

또한, 감정적인 의견 대립이나 논쟁은 오히려 덕스럽지 못하므로 언행에 특별히 조심하는 것이 좋습니다. 그리고 평소에 뜨겁게 가정 구원을 위해 기도하고 부지런히 전도하여 가정을 복음화시키는 것이 가장 좋은 길이겠지요. 그 밖의 제사로 인한 걱정거리들은 담임 목사님과 상의하시는 것이 좋겠습니다.

제사문제에 대하여 좀더 자세한 설명을 필요로 하시는 분은 "한국교회와 제사문제(이종윤 편집, 도서출판 엠마오, 1985)"라는 책을 참고하시면 좋을 것입니다.

대저 이방인의 제사하는 것은 귀신에게 하는 것이요 하나님께 제사하는 것이 아니니 나는 너희가 귀신과 교제하는 자 되기를 원치 아니하노라(고린도전서 10:20)

저희가 또 바알브올과 연합하여 죽은 자에게 제사한 음식을 먹어서 그 행위로 주를 격노케 함을 인하여 재앙이 그 중에 유행하였도다(시 106:28~29)

—Reference book (참고 도서)

제사가 무엇인가 (주여, 사탄의 왕관을 벗었나이다)

인간이 육신을 가지고 있다. 죽으면 육신은 땅에 묻히거나 화장이 되고 육신에 깃들어 있던 영혼은 간다. 어디로? 보내주신 분에게로 나의 영육을 지배하셨던 분 창조주 하나님에게로 돌아가는 것이다. 그렇다면 제사의 대상이었던 부모는 무엇인가. 하나님의 선택으로 나를 잉태시킨 분이다. 훌륭한 부모가 자식을 양육하는데 무슨 대가를 바라던가. 부모는 하나님의 사명을 받고 인간을 출산하고 키우고 교육시키는 하나님의 대신자이다. 그래서 부모님이 살아 계신 동안 하나님 섬기듯이 지극한 효도로 섬기고 마음을 기쁘게 하면 충분한 것이다. 또한 돌아가신 후에도 감사하는 마음으로 그 뜻을 받들어 올바르게 살면 되는 것이며 기독교가 정해준 의식을 행하면 되는 것이지 굳이 우리나라의 예의법도도 아닌 공자와 주자의 제사법도대로 행하는 것만이 조상을 잘 섬기는 것이라 생각하면 큰 잘못이 되는 것이다.

주일날 온 가족이 교회에 함께 나가서 찬송하고 목사님의 좋은 말씀을 듣고 좋은 음식을 놓고 감사의 기도를 하며 부모님에게 맛있는 음식을 권하고 마음의 기쁨을 누렸을 때 진정한 보은이요, 감사요, 행복이지 돌아가신 후에 생전에 불효했던 자들이 남의 눈을 의식해서 울고 불고 서러워하는 것처럼 위장하는 것은 하늘을 속이고 부모를 속이고 자신을 속이는 엄청난 죄악이다.

유교식 제사의 예법을 보면 붉은 과실은 동쪽으로, 흰 과실은 서쪽으로 놓으라는 홍동백서(紅東白西) 등 여러 가지 까다로운 예식이 있는데 나는 아직까지 죽은 조상이 제사상에 내려와 음식을 먹는 것을 보지 못했다. 다만 유계를 떠도는 악령들이 모여들 뿐이다.[2]

— 김해경(전 단군교 교주) —

---

2) 『주역, 사탄의 왕관을 벗었나이다』 (서울:홍성사, 1993), p. 120.

04

실망을 주는 기독교인이
많은 이유는 무엇입니까?

Q 목사님, 저는 기독교인들을 비교적 좋게 보고 있습니다. 그런데 때때로 이해하기 힘들 때가 있습니다. 대체로 기독교인들이 성실하고 진실한 것은 사실입니다. 그러나 어떤 때에 보면 상당히 편협하고 이기적이 아닌가 하고 느낄 때도 있습니다.

제가 알기로는 기독교의 근본 정신이 사랑이며, 관용하며 이해하고 돕는 것이 예수 그리스도의 가르침이라고 믿습니다. 그런데 어떻게 된 영문인지, 제가 알고 있는 기독교인들은 대부분 이기적이며 남의 입장을 이해하기보다는 자기 의견을 고집하는데는 유난히도 그 정도가 심한 것 같습니다. 그리고 같이 어울려도 좀 베풀 줄 모르고 인색한 것 같습니다. 더구나 어쩌다가 들려오는 소문이나 언론, 보도 등에 따르면 기독교의 성직자(목사)들이 부정한 일을 저지르는 경우도 있는 것 같습니다.

예를 들면, Y교회 P목사님의 외화 20만 불 유출 사건 같은 것 말입니다. 뿐만 아니라 지역사회에서도 기독교인들이 주민들에게 그다지 좋은 평을 못 듣는 경우가 많은 것 같습니다. 때로는 비양심적인 일들을 하다가 그것이 드러나서 망신을 당하는 교인들도 있습니다.

저희 동네에서는 식품 가게에서 언제나 상습적으로 슬쩍하는 사람이 있어서 범인을 잡고 보니, 근처의 어느 교회 교인이었는데, 교회에서는 집사의 일을 본다고 합니다.

저희는 그래도 교회라고 하면, 좀 깨끗하고 거룩하게 생각하며, 교인들도 그러리라고 기대합니다만, 가끔 가다가 실망을 시키는 일들이 많아서 교회에 대한 이미지가 좋지 않게 변해 가고 있습니다. 그래서인지 교회 나가본들 뭐하랴 하는 생각도 듭니다.

목사님께서는 이 점에 대해 어떻게 생각하십니까?

A 아주 좋은 점을 지적해 주셔서 대단히 고맙습니다. 뿐만 아니라
한편으로는 심히 죄송스럽게 생각합니다.

저희 기독교인들은 예수님께서 말씀하신 대로 세상의 빛과 소금이 되어야 하는데, 오히려 손가락질 당하는 경우가 자주 생겨서 참으로 송구하기 짝이 없습니다. 그러나 한편으로는 이런 점을 널리 이해해 주십사 하고 말씀드립니다.

다름이 아니라, 아무리 기독교인이라 하더라도 완전한 인간들이 아니라는 점입니다. 인간은 누구나 다 단점이 많습니다. 그리고 누구나 다 죄에 속한 옛사람의 습관을 가지고 있습니다. 다만 그 사람의 신앙과 인격과 교양과 도덕심에 따라 차이가 생기게 됩니다. 실상 기독교인이라 하더라도 다 똑같은 것은 아닙니다. 그 사람의 신앙 경력이나 경험 등에 따라 차이가 있기 마련입니다.

교회 나온지 오래 되었고 새사람이 되어 독실한 신앙을 가지고, 거룩하게 사는 교인이 있는 반면에 이제 갓 교회에 나왔거나, 아직 옛날의 습관을 고치지 못한 사람들도 많습니다. 그러기 때문에 어느 한사람의 행위를 가지고 기독교 자체를 판단하는 것은 지극히 옳지 못하다고 봅니다.

예를 들면, 불교에서도 설악산 신흥사 주지 자리를 놓고 살인까지 하지 않았습니까? 그렇다고 하여서 모든 불교 스님들을 다 살인자로 볼 수 있겠습니까?

어느 종교든, 어느 단체든지 간에 소수의 이단자와 부패한 사람들은 있을 수 있는 법입니다. 마치 쌀가마니 속에 아직 도정되지 못한 뉘들이 가끔씩 섞여 있는 것과 같습니다. 그렇다고 하여서 그것이 쌀가마니가 아니라고 할 수가 없는 것이지요. 더구나 교회는 죄인들이 들어와서 예수 믿고 회개하여 새 사람되는 곳이니까, 그 과정에 있는 천차만별의 사람들이

다 있습니다.

우리가 믿는 것은 사람이 아니라 하나님이며, 하나님의 말씀입니다. 사람들은 혹 실망시키는 일이 있겠으나 하나님은 완전하시니 절대로 실망을 시키지 않으십니다. 그러므로 교인들을 보고 기독교를 판단하실 것이 아니라, 교인들이 믿는 하나님이 어떤 분인가, 그리고 기독교에서 가르치는 성경 말씀은 어떤 것인가를 아시고 기독교를 판단해 주시기 바랍니다. 그렇다고 하여서 제가 그 부도덕한 교인들을 변호하고 싶은 마음은 추호도 없습니다. 그런 사람들은 빠른 시일 내에 자신의 잘못을 깨닫고, 교회만 다닐 것이 아니라, 진정으로 회개하고 예수를 믿어 새사람이 되어 옛사람의 나쁜 습관들을 다 고치고 진실하고 거룩한 성도가 되어야 할 것입니다.

그러나 그래도 믿지 않는 사람들보다는 믿는 사람들이 훨씬 진실하고 정직하다고 저는 믿고 있습니다. 다만, 세상 사람들이 교회를 헐뜯기 위해서 신자들의 사소한 실수를 침소봉대하여 나팔을 불어 대는 경우가 많기 때문에 교회가 점차 나쁜 인상을 주게 되지 않았나 생각해 봅니다.

예를 들면, 몇 년 전에 여의도 광장에서 연합 집회가 있었습니다. 어느 날밤 집회 때에 많은 병자들이 낫는 역사와 앉은뱅이가 일어선 기적이 나타났다고 합니다. 그런데 그 날밤 어느 할머니 한 분이 비가 오는 가운데도 비닐을 쓰고 철야기도를 하다가 새벽녘에 쓰레기 더미로 오인한 청소차에 의해 치어 세상을 떠났습니다. 신문은 기도하던 할머니가 쓰레기 차에 치어 죽었다고 보도하였습니다. 그 전날 밤의 기적의 역사에 대해서는 입을 다물고…

사람들은 하나님이 있다면, 왜 그런 할머니가 죽게 내버려두었을까 하고 반문합니다. 이런 것이 바로 세상의 교회에 대한 태도입니다.

Y교회의 P목사님 사건만 해도 그렇습니다. 그 사건의 자초지종이 어떻게 된 것인지 아직 알려져 있지 않습니다. 교회를 핍박하려고 누가 조작한 사건인지 아니면 정말 외화를 빼돌리려 한 것인지… 제가 기억하기로는 기독교 지도자 회의에서 조사 결과 "이 사건은 악의 세력이 그 배후에 도사리고 있다"는 발표였습니다. 그 목사님은 지금 강남에서 목회를 잘하고 계십니다.

그러나 진실 여부야 어떠하든 지간에 세인들의 입에서는 교회가 구설수에 오를 수밖에 없었습니다. 이것이 바로 어두움의 세력이 빛의 세력에 대해서 도전해 오는 하나의 방법입니다. 제 말은 기독교인중에 부도덕한 사람이 없다는 말이 아니라, 때로는 잘못된 선입관이나 모략에 의해서 잘못 알려진 경우도 많이 있다는 것입니다. 그리고 참, 기독교인들이 편협하고 이기적이며 인색하다고 말씀하셨는데 그 점에 대해서도 몇 마디 덧붙여야 하겠군요.

사실 기독교인들이 약간 편협하거나 인색하다고 느껴질 수 있습니다. 왜냐하면, 그가 누구든 지간에 하나님의 진리에 대한 확신을 가지고 있는 사람이라면 절대로 불의나 불신앙적인 것과는 타협을 하지 않을 것입니다.

신앙과 상관없는 인간관계에 있어서까지 편협하고 폐쇄적이라면, 그것은 그 사람 개인의 문제이지만 어떤 것이 신앙과 관련되어 있을 때 그 문제에 대하여 그 신자가 신앙 양심상 도저히 양보할 수 없었다면, 오히려 그 신자야말로 훌륭한 신자라고 볼 수 있습니다.

예를 들어서 주일날 신자보고 출근하라고 한다든지, 주일날 직장 동료들끼리 야유회를 가는데 같이 가자고 한다든지, 카바레와 디스코홀 같은 유흥장에 같이 가자고 했을 경우 신자들이 이를 거절하였다고 해서 편협하고 협동심이 모자란다고 한다면 이는 그 사람들이 오히려 남의 신앙을 이해하지 못하고 파괴하려는 나쁜 심사를 가졌다고 말할 수밖에 없습니다. 뿐만 아니라, 우리 그리스도인들은 평소에 근검 절약해야 한다고 교육을 받기 때문에 쓸데없이 돈을 낭비하거나 불필요한 인심을 쓰지는 않습니다. 그렇다고 하여서 그것을 이기적이고 인색하다고 몰아붙여서는 안됩니다. 우리가 그렇게 살지 않으면 하나님께 드릴 수도, 이웃을 도울 수도 없기 때문입니다.

신자들은 불신자보다 훨씬 돈을 아껴 써야 합니다. 왜냐하면, 전체 수입의 1/10을 하나님께 드려야 하고, 그 외에도 상당히 많이 교회에 헌금을 해야 합니다. 또 개인적으로도 어느 정도 살고 있어야 불신자들에게 조롱을 받지 않습니다.

그러기 위해서는 허리띠를 졸라매고 저축을 해야 합니다. 또 때로는 우리의 도움을 요청하는 사람들을 돕기도 해야 합니다. 그러니 우리가 언제 넉넉하게 인심을 쓸 수가 있겠습니까? 언제나 초비상 속에서 가계를 꾸려 나가야 하니까요.

당신은 이 점을 나쁘다고만 하실 것입니까? 물론 때로는 꼭 써야 할 때 쓰지 못하는 지나친 구두쇠나 참으로 자기밖에 모르는 진짜 이기주의자도 있을 수 있습니다만, 그거야 뭐 안 믿는 사람 가운데서는 없습니까? 아까도 말씀드렸듯이 그런 것은 다 신자 나름이요, 사람 나름입니다.

저는 당신이 그런 외적인 문제보다 오히려 본질적인 문제에 더 관심을 가져 주시기를 바랍니다. 즉, 예수 그리스도 자신이나 성경 말씀에 먼저 관심을 가지시고 접근해 보신다면 정말로 좋은 일이 많이 일어나리라고 확신합니다.

한번 교회에 와보십시오. 그리고 과연 무엇을 하고, 무엇을 가르치고 있는지, 실제로 하나님은 있는지, 기독교인은 어떤 사고 방식을 가진 어떤 종류의 사람들인지, 실제로 체험해 보시지 않겠습니까?

당신이 어느 기간 동안, 적어도 교회의 실체에 대해 알고 느낄 때까지만 이라도 교회에 참석하신다면, 교회에 대한 당신의 인식이 바꾸어지리라 고 저는 확신합니다.

몇몇 교인들의 결점을 빙자해서 교회에 나가지 않는 사람들은 자기 자 녀들을 학교에 보내지 말고, 병원에 가지도 말고, 공무원도 그만 두어야 하며 직장도 그만 두어야 할 것입니다. 왜냐고요? 학교 선생님들 중에는 참으로 덕스럽지 못한 사람들도 많습니다. 의사 중에는 나쁜 사람도 있고 요, 공무원 중에는 부정한 뇌물을 좋아하는 자들도 많고, 직장인들 중에 는 비양심적인 사람들도 많으니까요.

그건 말이 안된다구요?

그렇다면 교인들 중에 몇몇 사람들이 잘못을 범했다고 해서 교회 다닐 필요가 없다는 당신의 주장은 말이 됩니까?

—Reference book (참고 도서)

대마초 가수가 슈퍼스타로 (영광의 탈출)

제대 후 1975년도에 '너'라는 곡을 발표함으로써 나는 가수로서 널리 얼굴이 알려지기 시작했고 인기도 올라가기 시작했다. 또 그와 더불어 돈도 모여들었다. 그러나 그런 것도 잠깐뿐 바로 그 해, 세상을 온통 떠들썩하게 했고 연예계에 엄청난 돌풍을 몰고 온 소위 '대마초 사건'이 터졌던 것이다. 나는 바로 이에 관련되어 1977년 12월 3일 동료 가수 몇몇과 함께 서대문 구치소에 수감되어야 했다.

세인들의 온갖 비난과 손가락질을 뒤로하고 차디찬 감방에서 보내야 했던 3개월, 정확히 말해서 94일 간이었다. 그 기간이 비록 그 당시는 내게 있어서 정말 견디기 어려운 고통의 시간이긴 했어도 바로 이를 통하여서 나는 내 일생에 있어서 그 어느 것과도 바꿀 수 없는 가장 값지고 귀한 것을 발견하게 되었던 것이다. 솔직하게 말해서 그 당시 나는 목사님들에 대해서 그다지 좋은 인상을 갖지 못하고 있었다. 특히 군에 있을 때의 목사님을 가까이 모시고 생활하면서 이해하지 못한 몇 가지 점 등으로 인해 나는 목사님들에 대해 저으기 실망감을 느끼고 있었다. 목사님들도 어쩔 수 없는 인간이기에 인간으로서의 약점을 갖고 있다는 사실을 깨달으면서 나는 더없이 분노를 느꼈던 것이다. 그런고로 제대 후 다니던 교회의 목사님도 내겐 단점만이 눈에 띠일 뿐 전혀 좋아할 수가 없었다. 그런데 그러한 나의 생각에 변화가 일어났던 것이다.

내가 수감되어 있던 1975년도 겨울은 유난히도 추웠던 것으로 기억이 된다. 게다가 외부에서 면회가 오기가 얼마나 힘이 들었는지 보통 새벽 5

시경에 면회를 신청해 놓으면 그 추운 곳에서 벌벌 떨며 기다리다가 11시에 혹은 12시가 되어야 면회가 되곤 했었다. 그런데 어느 날 바로 내가 다니던 부천 제일교회의 최 목사님께서 나를 면회하러 오셨던 것이다. 단지 3분간, 그것도 구멍이 몇 개 뚫린 유리창 사이에 두고 큰 소리로 고함을 쳐야 얘기가 통하는 그 곳으로 목사님께서 친히 나를 만나러 찾아와 주신 것이었다. 목사님께서 나를 보시더니 나를 위해 기도해 주고 싶다고 하셨다. 나는 그대로 순종했다. 그런데 목사님께서 뜨거운 눈물을 흘리시며 정말로 간절하게 나를 위해 기도해 주시는 게 아닌가! 순간 나는 마음 속 깊이 크게 감동이 되지 않을 수 없었다. '저 분이 왜 이토록 나를 위해 뜨거운 눈물로 기도를 해 주시는 걸까? 저 목사님의 사랑은 대체 어떤 차원의 사랑이기에 아무 보잘것없는 나를 위해 간절히 기도해 주시는 걸까?' 끓어오르는 의문과 동시에 나는 생전 처음으로 그리스도의 사랑에 대해 진지하게 생각하게 되었다. 그리고 바로 그 날 이후로 나는 서서히 변화되어 가고 있었던 것이다.

　목사님께서 돌아가실 때 내게 성경과 찬송을 차입해 주고 가셨다. 믿노라고 하면서도 성경 한번 제대로 읽지 않았던 나였지만 그 날부터는 아주 열심히 성경을 읽기 시작했다. 한편 찬송도 정말 그 의미를 생각하면서 부름으로써 찬송을 통해서도 많은 은혜를 받게 되었다. 그리고 기도와 함께 그런 반성의 날들을 지내다가 마침내 나는 그 구치소 안에서 예수님을 나의 구주로 영접하는 놀라운 시간을 맞이하게 되었던 것이다. 그와 더불어 나의 교만했던 마음도 녹아지고 어느덧 내 자신이 아무 보잘것도 없는 죄악투성이의 인간이었음을 깨닫고 회개하기에 이르렀다.[1]

— 이종용(가수) —

---

1) 연예인선교회 편, 『영광의 탈출』(서울:영산출판사, 1983), pp. 115~116.

05

기독교에는
왜 그리 교파가 많습니까?

Q 저는 가끔 친구들로부터 "기독교는 왜 그렇게 파가 많으냐?"는
질문을 받습니다. 질문을 받을 때마다 저 자신도 교파가 그렇
게 많아야 할 이유를 알 수가 없다고 생각하곤 합니다.

목사님, 구교인 천주교는 교파가 하나인 것 같은데, 우리 기독교는 어째
서 이렇게 파가 많게 되었습니까? 그 근본적인 이유는 무엇이며, 어떻게
해서 그렇게 되었고, 또 다시 합할 수는 없는가요? 또 교파가 많다는 것은
그 정통성이 의심받을 소지가 있다고 보는데, 어떻게 보십니까?

우리 기독교인들은 교파에 대하여 어떤 견해를 가져야 할까요? 그리고
소위 이단종파라는 것은 어떤 것들이 있으며, 그 특징은 무엇이며 우리는
이 이단종파에 대해서는 어떤 자세를 취해야 한다고 보시나요?

A 저도 가끔 그런 질문을 받을 때가 있습니다. 그리고 교파가 많다는 것이, 기독교의 위선 내지는 사랑이 식어진 증거처럼 보여서 강한 거부감을 느끼곤 했었습니다.

그러나 지금은 약간 더 넓은 시야를 갖게 되니 조금은 긍정적인 측면에서 볼 수 있는 여유도 갖게 되었습니다만, 그래도 여전히 교파를 합하지는 못하더라도, 말씀과 성령 안에서 담을 제거하고 사랑의 교제를 나눴으면 하는 아쉬운 마음은 늘 갖고 있습니다. 이것은 아마도 모든 목사님들과 교인들이 공통적으로 느끼는 것이 아닐까하고 생각이 됩니다.

천주교는 하나뿐이라고 하지만, 실상은 희랍 정교회, 로마 카톨릭교회(천주교), 성공회(영국 국교회) 등의 세파로 볼 수 있고, 로마 카톨릭의 경우에도 외형적 제도로는 하나로 볼 수 있지만, 내부적으로는 여러 가지 파로 나뉘어졌다고 볼 수도 있습니다(도미닉파, 제수잇파, 프란시스파 등등). 그리고 기독교의 경우에는 대략 장로교, 감리교, 성결교, 침례교, 구세군, 하나님의 성회(순복음), 하나님의 교회, 나사렛 교회, 그리스도의 교회, 오순절 교회, 루터교 등이 있습니다.

천주교에 비해 기독교에 교파가 더 많은 이유는 그 성경관 때문입니다. 즉, 천주교는 1229년 톨로사 회의 이후 계속해서 평신도가 성경을 읽는 것을 교황법으로 금지시켜 왔고, 오직 성경 해석권을 교황이 가지고 있기 때문에 다른 신학이나 사상이 생기기가 어렵습니다.

지금도 천주교는 교인들이 성경을 해석하는 것을 금하고 있고, 성경보다는 천주교에서 가르치는 것만을 답습하는 형편이기 때문에 단일체제로 통제하기가 훨씬 수월합니다.

그러나 기독교는 종교개혁 당시부터 전 교인들에게 성경을 읽도록 권장했고, 또 성령의 조명 아래 각자가 성경을 깨닫고 은혜를 받고 성경에서 나름대로의 사상 체계를 확립케 되었습니다.

천주교처럼 교황과 의견이 다르면 무조건 이단으로 처형하는 것이 아니라, 서로가 대화하며 토론하다가, 의견의 일치가 안되면 서로 독자적으로 자기의 신앙 체계를 확립해 가다 보니 그것이 나중에는 하나의 큰 세력을 이루어서 교파를 형성케 된 것입니다. 그래서 칼빈의 신학 사상을 따르는 교회는 주로 장로교회가 되고, 루터의 신앙을 따르는 교회는 루터 교회가 되었으며, 그 후 영국 국교회에서 웨슬레가 전도하여 세운 교회들을 받아들이지 않기 때문에 할 수 없이 따로 갈라선 것이 감리교회입니다.

칼빈파 중에서 세례의 방식중 침례만을 고집하는 사람들이 모여서 결국 침례교를 형성하였고, 독일 경건주의와 미국의 성결 운동에 영향을 받은 전도자들의 영향으로 한국과 일본, 대만 등에 성결교회가 생겨났습니다.

이러한 모든 교회들은 모두 다 성경을 하나님의 말씀으로 믿고, 삼위일체 하나님을 믿으며, 예수 믿어 구원 얻는 진리를 믿으며, 그 근본 교리가 다 같기 때문에 실상은 한가지라고 생각할 수 있고, 다만 각 교파마다 정치 형태가 다르거나, 어떤 교리에 대해서는 특히 강조하는 특성을 가지고 있을 뿐입니다.

예를 들면, 장로교가 하나님의 주권과 예정론을 강조한다면, 감리교나 성결교회는 자유의지와 인간 영혼의 구원을 더 강조합니다. 구세군은 사회 봉사를 강조하고, 오순절 교회와 하나님의 성회는 성령을 강조하고, 침례교는 세례식을 침례로 할 것을 강조합니다.

이와 같이 근본적인 면에서는 일치하기 때문에, 구태여 꼭 제도적으로 일치시킬 필요도 없을 뿐더러, 그럴려다 보면 오히려 더 큰 부작용이 생길 수도 있습니다. 왜냐하면, 각 교파마다 그 특성과 역할이 조금씩 다르기 때문입니다.

우리 몸에는 여러 지체들이 있습니다. 눈, 코, 입, 귀, 손, 발, 오장육부 등등. 그러나 이러한 지체들은 결국은 하나의 몸을 형성하고 있으며, 각각의 지체가 자기 역할을 다할 때 몸이 균형 잡히고 합력하여 선을 이루게 됩니다.

바울 사도는 교회를 여기에 비유했습니다(고린도전서 12:12~27). 모든 교회는 하나이며, 그리스도를 머리로 하는 그리스도의 몸입니다.

우리 각자가(각 교파가) 자기 특성을 살려 주님을 섬길 때, 오히려 전체 우주적인 교회는 든든히 서서 주님을 영화롭게 하는 것입니다. 모두 다 귀가 되거나, 눈이 되는 것은 바람직하지 못하고 오히려 기형아가 되는 것과 같습니다.

교파가 많다고 하여서 그것이 반드시 정통성에 대한 의심을 가져오는 것은 아닙니다. 불교에도 사실은 여러 종파가 있지만 사람들은 불교를 향하여 왜 그렇게 파가 많냐고 묻지는 않습니다. 반면에 천주교와 같이 외형상 한 개의 종파로 되어 있는 것을 좋게 여깁니다만, 그것도 알고 보면 무지와 압제로 인한 것 뿐이요, 수많은 사람들이 오직 교황의 입만을 바라보며 그것을 되풀이한다는 것은 또 하나의 종교적 독재에 지나지 않는 것입니다.

어떻게 다양한 계층의 사람이 무엇에든지 똑같은 생각을 가질 수가 있겠습니까? 오히려 이단종파일수록 엄격한 단일체제를 이루고 있습니다. 그러므로 우리는 그 근본적인 교리가 같은 교회는 그리스도의 한몸된 지체로 알고 사랑을 나누어야 할 것입니다.

우리 교회에만 구원이 있고 다른 교회에는 구원이 없는양 해서는 안될 것이며, 자기 교파만이 유일한 정통파라는 생각은 그리 바람직하지 못합니다.

고린도교회가 이 파벌 의식 때문에 책망을 받았던 것을 기억합시다(고린도전서 1:10~17). 그러나 한국에 있어서 신학적 이유가 아니라 같은 교파 안에서 이권다툼이나 지방색으로 인해 갈라진 경우가 많은데, 서로가 양보하여 속히 합하는 것이 바람직하다고 봅니다.

특히 장로교의 경우 대한 예수교 장로회는 60개파가 넘는다는데, 이런 경우는 정말 지나치지 않은가 합니다. 갈라진 것도 그 나름대로 유익한 점이 있지만 강력한 의견 집약으로 사회에 대응하기에 불리하고, 또 건덕상으로도 그리 바람직하지 못하기 때문에, 신학사상이 달라서 갈라진 경우는 어쩔 수 없지만, 그렇지 않은 경우는 합하도록 하거나 적어도 서로 인정하면서 사랑의 교제를 나눌 수 있어야 한다고 생각합니다.

그리고 이단에 대해서 질문하셨는데, 우리나라의 대표적인 경우 이단 종파는 천주교, 통일교, 여호와의 증인, 전도관, 몰몬교, 안식교 등이 있는데 여기서 그들 종파의 특성을 다 다룰 수는 없고 그저 간단한 특성을 말해 본다면, 성경을 가감하거나 억지로 해석하여서 성경에 없는 다른 교리를 말하고 어떤 특정 인간을 신격화시키며, 우상숭배나 미신을 조장한다는 것입니다.

이단의 특성에 대해 더 자세히 아시고 싶은 분들은 "천주교를 배격하는 7가지 이유(유선호 목사 저, 숭문출판사, 1985)"라는 책 29~39페이지를 참고하시기 바랍니다.

이러한 이단들에 대하여는 한 두번 훈계한 후에 멀리 하라고 성경은 말하고 있습니다(디도서 3:10). 왜냐하면 흰옷 입고 흙탕물에 가까이 가면, 흙탕물이 희게 되는 것이 아니라 흰옷이 흙탕물에 물들게 되기 때문입니다. 또, 모든 기독교인들은 이단들이 경영하는 회사 제품을 사지 말아야 할 것입니다.

전도관 신앙촌 물건이든지, 특히 통일교 사업체인 「주식회사 일화」에서 만드는 "일화 인삼차", "삼정톤", "진생업", "맥콜" 등의 제품은 사지 않도록 주의해야 합니다. 물건이 좋고 값이 싸더라도 그런 제품을 사서는 안됩니다. 그들의 제품을 사는 것은 간접적으로 그들을 돕는 일이 되니까요.

──Reference book (참고 도서)

기독교의 통일성과 다양성 (로마 카톨릭 사상 평가)

개신교를 절망적으로 나뉘며 그리고 끊임없이 서로간에 싸우는 수많은 교파들로 구성된 종교라고 묘사하는 습관은 오랫동안 로마 카톨릭의 정책이 되어 왔다. 통일성과 단결을 강조하는 로마교의 관점에선 다양한 개신교 교파들이 어떻게 존재할 수 있는지 로마 카톨릭 평신도들에게는 정말로 이해되기가 무척 힘들 것이며 그런 모습이 때로는 로마 교회를 떠나고자 하는 많은 사람들에게 실제로 장애물이었었다. 그들은 각 개신교 교파들마다(그들 자신들처럼) 전적으로 자신들만이 참 교회이며 그 교회에 속하지 않을 경우 어느 누구도 구원받지 못한다고 주장하고 있다고 배워 왔으며 그렇게 믿고 있다. 이 수수께끼는 좀처럼 풀리지 않을 것처럼 보인다. 그러나 그들은 단지 돌아가야 할 곳을 알지 못할 뿐이다.

물론 모든 개신교 교회들이 주장하고 있는 개인적인 판단 또는 사적 해석의 권리가 매우 많은 교파의 생성을 야기시켰음은 사실이다. 그러나 놀라운 사실은 개신교의 정신 저변에는 영적인 통일성이란 강한 흐름이 있다는 것이다. 그것에 비하면 기계적인 또는 조직체적인 통일성은 이차적인 것이다. 대부분의 개신교 교파들은 자신들만이 유일한 참된 교회라고 주장하지 않으며 복음이 신실하게 전파되는 교회라면 어디에서든지 구원이 발견되어질 수 있음을 기꺼이 기쁘게 인정한다.

다양한 개신교 교파들은 실제로 신앙의 모든 핵심들에선 전적으로 일치하고 있다. 그들은 성경과 오로지 성경만이 유일한 하나님의 말씀임을 믿는다. 그들은 성경을 교회 내의 모든 일의 권위적인 안내자로서 받아들인다. 그들은 그리스도의 신성, 그를 믿는 자들의 대속물로서 십자가 위에서의 그의 희생적인 죽음, 그리고 그만이 홀로 교회의 머리이심을 믿는다. 그들은 전반적으로 성례 즉 성찬과 세례의 의미에 대해 동의한다. 그들은 그리스도의 인격적인 그리고 사실적인 재림, 몸의 부활, 미래의 심판, 천국과 지옥을 믿는다. 도덕적 본성, 영적 삶 그리고 국가와 교회 사이에 존재하는 관계에 대한 그들의 개념은 거의 비슷하다. 침례교, 감리교, 루터교, 장로교 또는 다른 어떤 것으로 불리우든간에 바로 마치 미국의 50개 주가 각기 다른 이름으로 불리지만 모두가 한 국가에 속해 있는 것처럼 그들 모두는 그리스도의 교회 즉 한 몸에 속해 있다. 타교파에 대한 그들의 기본적인 태도는 반목과 경쟁이 아니라 오히려 협동과 우정이다. 다른 교파의 목회자가 종종 다른 교파들에 속한 교회들에 초대되어 설교하거나 예배 전체를 끝까지 인도하기도 하며 평신도들은 자신이 소속되어 있지 않은 교회들에도 자유롭게 참여할 수 있다. 연합예배가 특히 복음전도 모임들에서는 매우 일반화되어 있으며 한 도시의 모든 개신교회들의 협력 하에 이루어진다. 그 증거로 수년 전에 열렸던 유명한 빌리 선데이(Billy Sunday) 복음전도 운동과 최근 몇 년 동안 열리고 있는 빌리 그래함(Billy Graham)의 집회가 있다. 또한 다양한 라디오 방송 프로그램에서도 화자가 어느 교파에 속하는지 청취자들은 거의 알지 못한다. 이처럼 개신교도들은 다른 교파들의 이웃 개신교도들을 참 기독교인으로 인정한다. 그리고 그들은 로마 카톨릭이 잘못을 범하고 있다고 믿는 것들 예를 들면 사제직, 미사, 고해성사, 연옥, 동정녀 마리아 숭배 등등을 거부하는데 하나가 되어 있다.

한편 개신교들 사이를 구분 짓는 가르침들은 때때로 그 본성상 중요한 것도 있지만 로마교와의 차이에 비교해보면 매우 작은 것들이다. 개신교들은 세례 또는 주의 만찬의 형태에 대해 의견을 달리한다. 어떤 교파는 칼빈주의이지만 다른 교파들은 알미니안들이다. 또 교회 정치형태에 있어서 감독파, 장로파 또는 회중파가 있기도 하다. 그러나 성경이 권위적인 안내자로 간주되며, 각자가 자신의 종교를 통해 생각하고 스스로 결론에 도달해야 한다는 그 자유는 바로 성경의 권위로 인해 다른 사람이 예상하는 것만큼 그렇게 날카로운 구분을 만들어내지 않는다.[1]

1) 로뢰인 뵈트너, 『로마 카톨릭 사상 평가』 이송훈 역 (서울:기독교문서선교회, 1992), pp. 61~62.

06

하나님이 존재한다는
증거라도 있습니까?

Q 인간은 이성적인 존재이며, 따라서 합리적 사고가 가능합니다. 그러나 이상스럽게도 비이성적인 것을 추구하는 사람들이 있는데 그것이 바로 종교인들이 아닌가 생각합니다.

물론 종교가 인류사회의 문화 발전에 여러 가지로 기여한 바가 많다는 것을 부인하지는 않습니다. 그리고 또 자기 수양을 위한 종교의 유익성을 모르는 것도 아닙니다. 그러나 기독교의 경우에는 좀 다른 것 같습니다. 자기 수양을 위한 종교라기 보다는 하나님이라는 절대 신을 위하여 자기의 모든 것을 부인해야만 하는 지극히 극단적인 신앙을 말하고 있기 때문입니다.

지금은 인간의 지식과 과학이 극도로 발달하여 우주의 신비가 파헤쳐지는 시대입니다. 그런데도 불구하고 무조건 하나님을 믿으라고 할 수는 없는 것입니다.

먼저 우리에게 하나님이라는 절대신이 있음을 증명해 보여야 하지 않을까요? 그렇지 않고서 무조건 믿으라 하는 것은 우리를 고대나 중세의 무지한 시절의 사람들과 동일시하는 오류를 범하는 것이며, 어린아이로 취급하는 것입니다.

목사님, 목사님이 만약 지금까지 교회에 가본 적이 없는 사람이라면 어느 누가 하나님을 믿으라고 한다고 해서 아무 생각없이 믿겠습니까? 먼저, 정말 하나님이 있는지 그 증거가 무엇인지 묻지 않겠습니까?

만약 목사님께서 하나님이 존재한다는 증거를 명백히 말씀해 주신다면 저도 하나님을 믿겠습니다. 그러나 그렇지 못한다면 목사님도 또 하나의 종교적 거짓말쟁이이거나, 자신도 확실히 모르는 것을 남에게 강요하는 어리석음을 범하고 계신 것입니다. 반드시 과학적 증거가 아니라도 좋습니다. 납득할만한 설명을 해달라는 것입니다.

A 참으로 어려운 질문을 해주셨군요. 아시다시피 과학적 사실이란 하나의 가설이 실험을 통해 증명되었을 때, 그것이 과학적 사실로 인정되는 것입니다. 그러나 과학은 모든 것을 다 증명할 수 있는 것이 아닙니다. 과학은 물질세계에 대해서는 대단히 위력이 있지만, 정신이나 영적(spiritual) 사실에서는 무력한 것입니다. 인간의 마음하나 측정할 수 없는 것이 과학이죠. 왜냐하면, 과학은 인간의 지식 한계 내에서만 유효한 것이니까요. 그런데 하물며 우주의 존재를 넘어서 그 우주의 창조주이시며, 영원하신 하나님이신 영적 존재를 어떻게 실험할 수가 있겠습니까? 이는 마치 30cm 자를 가지고 지구에서 달까지의 정확한 거리를 확인하려고 하는 것보다도 훨씬 더 무리한 일이며, 자식이 어머니가 자기를 낳던 장면을 자기 눈으로 확인해야만 믿겠다고 우기는 것만큼이나 어리석은 일입니다.

성경은 하나님의 존재를 증명하려고 시도된 교과서가 결코 아닙니다. 오직 성경은 하나님이 존재하신다는 긍정적인 사실에서부터 시작하고 있을 뿐입니다. 따라서 하나님은 성경을 통해 당신과 같은 사람들에게 이렇게 답하고 있습니다.

어리석은 자는 그 마음에 이르기를 하나님이 없다 하도다
(시편 14:1, 53:1)

그러나 당신을 위해서 몇 가지 증거를 제시하려고 합니다. 당신이 마음을 열고, 태도를 진실하게 가진다면 충분한 확신을 가지게 될 것입니다.

첫째로, 우주 만물이 그 증거입니다.

당신은 지금 하나님은 보지 못하지만, 하나님이 만드신 만물은 볼 수 있습니다.

해와 달과 무수한 별들, 산천초목과 온갖 동물들, 당신이 즐기는 과일들… 이들 중에 저절로 우연히 생긴 것은 하나도 없습니다. 누군가 이것들을 만든 분이 계신 것입니다. 이것들 중에 하나라도 우연히 생긴 것이 있다면 당신이 그것을 증명해 보시기 바랍니다.

아마 그것을 증명하는 것보다는 당신이 부모님 없이 우연히 생겨났다는 것을 증명하는 것이 더 쉬울 것입니다. 뿐만 아니라, 이 우주의 그 어디에서든지 질서와 아름다움과 목적을 발견할 수 있습니다. 즉, 이 우주는 창조주의 뚜렷한 목적에 의해 설계되었다는 것입니다.

우리와 태양과의 거리가 조금만 더 가깝다면 우리는 타 죽을 것이며, 더 멀다면 얼어죽을 것입니다. 달이 좀더 가까이 있다면 밀물이 몰려올 때 해안 주민들을 몰살시킬 것입니다. 참으로 태양도 달도 적절한 거리를 항상 유지하고 있습니다.

지구가 23.5°정도 기울어져 있기 때문에 사계절이 생겨 자연의 아름다움을 더해 주고 있습니다. 만약 지구가 수직이라면, 태양 광선이 적도만 비추고 그곳은 사막으로 변하고 북극과 남극으로 수증기가 몰려가 얼음 대륙을 만들고, 지구는 장구 모양이 될 것이며, 결국은 끊어져 두 동강이 날 것입니다.[1]

공기 중에 산소가 더 많다면 우리는 타 죽어 버릴 것이고, 산소의 양이

---

1) 박조준, 『로마서강해(Ⅰ)』(서울:기독교문사, 1981), pp. 83~85.

줄어든다면, 맥이 빠져 활동하기 어려울 것입니다. 바다가 지금보다 더 깊다면 탄산가스와 산소를 모두 흡수해 버려서 지구에는 식물이 존재할 수 없을 것입니다.[2]

　또「지구의 방대한 수도시설」을 생각해 보십시오. 거대한 물기둥(구름) 이 바다로부터 방대한 양의 수증기를 삼켜버리고 구름은 서서히 그것을 운반하여 여러 나라에 뿌려줍니다.

　번개가 치면 구름은 목마른 땅에 물방울을 뿌려줍니다. 시냇물과 개천과 강은 이것을 다시 한데 모아 "바다"라는 저수지로 돌려줍니다.

　이제 좀 가까이 다가와서 인간을 봅시다.

　인간의 신체에서는 매일 수천 가지의 기적이 일어나고 있습니다. 우리의 몸에 퍼져 있는 혈관의 길이가 1만 만일에 달한다는 것을 알고 계십니까? 그리고 우리의 두뇌는 1천 4백억 개의 세포로 이루어져 있다는 것을 알고 계십니까?

　인간의 조그마한 귀 하나에 2,400개의 "힘줄"이 얽혀 있다는 사실을 아십니까? 인체(몸)는 400억조가 넘는 세포로 이루어져 있음을 아십니까? 우리의 눈은 그 누구도 만들어 낼 수 없는 자동영사기라는 사실을 생각해 보신 적이 있습니까?

　이 우주 만물에는 제가 지금 지적한 몇 가지 사실 외에도 엄청난 기적과 같은 사실들과 신비한 사실들로 싸여 있습니다. 교통사고도 없이 별들이 움직이고 있습니다. 이 모두가 누구의 계획, 누구의 지능, 누구의 설계로

---

2) 「리더스 다이제스트」, 1980년 10월호.

누구에 의해 만들어진 것입니까?

"어떻게 우연히 된 거겠지!" 그런 소리 마십시요.[3]

어떤 사람이 말하기를 나무와 모래와 시멘트를 공중에 던졌더니 우연히 내가 살고 있는 집이 되었다고 말한다면, 당신은 아마도 미친 소리라고 할 것입니다. 그런데 이렇게 엄청난 우주가 우연히 생겼다는 주장은 제정신으로 하는 말입니까?

당신이 만약 동전 10개에 ①부터 ⑩까지 숫자를 각각 기록한 후에 그 동전들을 주머니에 넣고 흔든 후 ①번을 집어낼 확률은 1/10입니다. 그리고 ①부터 ⑩까지 차례로 집어낼 확률은 1/100억입니다.

그런데 이 엄청난 우주 만물의 존재와 질서 유지가 우연이라고요?

태초에 하나님이 천지를 창조하시니라(창세기 1:1)

집마다 지은 이가 있으니 만물을 지으신 이는 하나님이시니라
(히브리서 3:4)

둘째로는 인간의 양심과 종교성이 그 증거입니다.

즉, 인간은 다른 동물과 달리 양심이 있습니다. 그렇기 때문에 도덕심이 있고, 참과 거짓, 의와 불의, 선과 악에 대한 감각이 있습니다. 뿐만 아니라, 사람에게는 영혼이 있어서 늘 하나님을 향한 마음이 있습니다. 그

---

3) 윌리암 오어, 『현대 젊은 지성인들의 질문에 답하여』 (서울:생명의 말씀사, 1980), pp. 11~13.

래서 어느 나라 어느 민족에서든지 신을 찾고 그 신을 섬기고자 하는 욕구를 찾아볼 수가 있습니다.

이러한 사실들은 모두가 인간이 하나님의 형상대로 영적, 도덕적 존재로 창조되었음을 의미하는 것입니다. 이러한 양심과 종교성이 오직 인간에게만 있는 이유는 인간이 짐승에서 진화된 것이 아니라 하나님에 의해 하나님의 형상대로 창조되었기 때문입니다(창세기 1:26~27).

셋째의 증거는 생명의 증거입니다.

생명은 생명에서 옵니다. 무생물에서 생물이 생겨날 수 없습니다. 50억 인구의 6000년간의 지혜를 다 모아도 풀한 포기의 생명도 만들어 내지 못합니다.

우연히 생길 수는 더구나 없습니다. 오직 모든 생명은 영원한 생명의 원천이신 하나님에게서만 생겨날 수 있습니다. 그 누구도 생명을 창조하거나 분해하지 못합니다. 이 생명은 영원한 하나님의 신비입니다.

넷째 증거는, 조화의 증거입니다.

무신론은 문제를 해결할 수 없습니다. 오히려 난해한 문제를 증가시킬 뿐입니다. 무슨 말인고 하면 하나님이 없다고 하면 세상의 그 어느 것도 해답이 나올 수 없다는 말입니다. 그러나 하나님의 존재를 인정하면, 모든 문제가 순리적으로 잘 풀립니다.

팻톤(Patton)은 말하기를 "열쇠가 자물쇠에 들어가지 않을 경우, 그 열쇠는 자물쇠에 해당되는 열쇠가 아니다. 어떤 이론이 모든 사실을 설명할 수 있다는 것은 그 이론이 진실이라는 것을 강력히 주장하는 것이다."[4]고 하였습니다.

　이상으로 몇 가지 증거를 말씀드렸습니다만, 당신을 만족시켰는지 모르겠군요. 그러나 비록 맹인들이 태양을 볼 수 없다고 해서 태양이 없는 것이 아니라, 태양이 매일 뜨고 지는 것을 변화시킬 수 없는 것처럼, 당신이 하나님의 존재를 인식할 수 있는 영적 안목(spiritual eyes)이 없어서 못 본다 하더라도 하나님의 존재가 흔들리지는 않습니다. 정직한 사람이라면 그의 양심 속에 조용하고 세미한 목소리가 하나님은 존재하시고 오늘도 살아 계신다고 말하는 것을 듣게 될 것입니다.
　하나님의 존재를 부정하는 사람들은 그를 발견할 수 없어서가 아니라 죽음 후에 그 앞에서 셈하여야 할 책임을 대면하기가 두렵기 때문입니다.[5]

　그러나 우리 그리스도인들은 이러한 증거들로 인하여 하나님의 존재를 믿는 것은 아닙니다. 이러한 증거는 하나님의 존재를 믿지 못하는 사람들에게 약간의 도움을 주려는 것 뿐입니다.
　우리들의 믿음은 오히려 하나님의 자기 계시인 성경에 의존하는 것입니다.[6]
　당신이 우리가 제시한 증거를 받아들이고 하나님을 믿을 것인지, 아니면 그럴 듯하다고 생각하면서도 믿지 않을지의 여부는 당신에 의해서가

4) 헨리 디이슨, 권혁봉 역,『조직신학 강론』(서울:생명의 말씀사, 1982), pp. 92~93.
5)『주제별 성경연구』(두란노서원, 1981), pp. 3~4.
6) 루이스 뻘콥, 고영민 역,『뻘콥조직신학(제2권, 신론)』(서울:기독교문사, 1980), pp. 26~31.

아니라 하나님에 의해서 결정되어질 것입니다.

왜냐하면, 믿음은 모든 사람의 것이 아니며(데살로니가후서 3:2), 하나님에 의해 영생을 주시기로 작정된 사람은 다 믿게 될 것이기 때문입니다 (사도행전 13:48).

믿음은 하나님의 선물이지 이지적 판단이 아니기 때문입니다. 그러나 당신이 정말 진실한 마음으로 하나님을 간절히 찾게 된다면 하나님은 분명히 당신을 만나 주실 것입니다(신명기 4:29; 잠언 8:17; 역대상 28:9; 역대하 15:2).

너희가 전심으로 나를 찾고 찾으면 나를 만나리라

(예레미야 29:13)

—Reference book (참고 도서)

무신론자의 무덤 (최신 예화집)

제럴드 비. 윈라드(Gerald B. Winrod)는 The Defender라는 미국 잡지의 편집인이었는데 하나님과 성경에 대하여 주제넘게 거만한 한 무신론자의 유명한 이야기를 실었다. 그는 "만약에 하나님이 있다면 나의 무덤이 뱀으로 우글거릴 것이다"는 말까지 하면서 하나님을 부인하였다. 장례식 때 하관 하려고 보니 뱀이 한 마리 나와서 죽어야만 했다. 무덤 파는 이도 생전에 무덤에서 뱀이 나온 것은 처음이란 말을 하였다.

윈라드씨에게 이 정보를 제공한 사람은 자기가 오하이오 주에 있는 한 사람에게 더 자세한 내용을 알아보겠노라 하더니 얼마 후에 소식을 보내 왔다. 거기에는 이 무신론자의 동상 사진까지 있었는데 그는 체스터 베델(Chester Beddell)이란 사람으로 1908년에 82세로 세상을 떠난 사람이었다. 그 편지에는 다음과 같은 내용이 담겨져 있었으니 곧 '베델'씨는 그의 생전에 하나님은 계시지 않다고 말하며 믿지 않던 사람이다. 그는 ……란 말까지도 주저하지 않고 내뱉었다. 그는 자기가 죽기 전에 동상을 만들어 오른쪽 쳐든 손에 "보편적인 정신적 자유"라는 문구를 새겼다. 그리고 그의 왼발 밑에는 성경을 상징하는 책에다 "미신"이라는 말을 새겨 넣었다. 그는 죽기 전에 "하나님이 만약에 존재한다든지 또는 성경의 진리가 하나라도 사실이라면 나의 시체에 뱀이 우글거릴 것이다"는 말을 하였다. 그를 매장하고 나서부터 그의 가족묘지는 많은 구멍에서 뱀이 득실대기 시작하였다. 어느 날이든지 그 묘지 뜰을 가보면 뱀을 볼 수가 있었다. 작년 10월 30일 우리 일행 20명이 거기에 갔을 때도 뱀이 3마리나 있었다. 이웃 사람들의 말로는 죽이면 죽일수록 더 많아지는 것 같다는 얘기다.

후에 윈라드씨는 본인이 직접 이것을 관찰할 기회가 있었다. 영타운이라는 곳에서 열리는 회합에 참석하던 중에 자동차를 노쓰 벤톤(North Benton)으로 몰아가서 그는 지나가는 노인에게 베델의 묘지가 어디쯤인지 아느냐고 물었다.

"알구 말고요, 여기서 체스터 베델의 묘지를 모르는 사람이 어디 있습니까" 하고 그 노인은 대답하였다.

"당신도 그걸 놓치지 않을꺼요. 크나큰 동상 말입니다. 뱀 구경 오셨구

려?" 그러자 다른 노인이 입을 열어

"그럼, 할 수 없지, 베델이 뱀을 달랬다니 그걸 받는 게 당연하지" 하는 것이었다.

그와 그의 친구는 문제의 장소에 도착하여 높이 치켜든 비문과 발 아래 있는 비문, 그리고 그의 근엄한 모습의 동상을 보았다. 그들은 카메라를 손에 들고 무덤에 접근하였다. 누가 장난으로 짓궂게 지어낸 소릴까? 아니면 사실일까? 동료 중에 한 친구가 먼저 뱀 한 마리를 보고서 "여기 있다" 하고 소리를 질렀다. 그렇다! 그게 사실이었다. 그들은 무덤을 한 바퀴 돌면서 여섯 마리나 발견했던 것이다. 그의 동료중 한 사람이 뱀 한 마리를 죽이자 그는 그걸 사진기에 담았다. 그밖에 다른 것도 사진 찍었다. 무덤 파는 인부는 그날 오전에도 자기가 4마리나 죽였다는 것이다. 하루에 20마리까지도 죽인 일이 있다는 말을 그는 들려주었다. 그는 마지막으로 이런 말을 했다.

"알 수 없는 일이죠. 혹 주님께서 이 일에 관계하고 계시는 지도 모르니까요."

놀라운 이야기다. 그러나 하나님을 생활의 저 모퉁이로 뒤미는데서 오는 이런 위험에 관한 이야기는 한 두 가지가 아니다.[7]

— 이. 메티슨, Gathered Gems에서 —

---

7) 이종태 역편,『최신 예화집』(서울:신망애출판사, 1977), pp. 82~84.

07

성경이 정말
하나님의 말씀입니까?

Q 어느 종교에든지 자기들이 믿는 경전(bible)이 있고 그 경전들
이 어느 정도 유익한 점이 있다는 것을 부인할 수는 없을 것입
니다. 물론 인간들이 쓴 것이기 때문에 시대의 변천에 따라 맞지 않는 것
도 있을 수 있고, 재해석되어야 할 것도 있지만, 그래도 윤리적으로나 철
학적으로나 유익한 내용들이 많이 있는 것은 사실입니다.

그렇기 때문에 기독교의 성경도 읽는 것이며, 불경이나 유교의 사서삼
경도 읽기를 권하는 것입니다. 그런데 오늘 제가 질문을 드리는 것은 기
독교의 성경이 뭐 나쁘다는 것이 아니라, 성경에 대한 기독교의 주장이
터무니없기 때문입니다.

즉, 기독교인들은 말하기를 "성경은 곧 하나님의 말씀이다"라고 하는
데, 이 점이 납득할 수가 없다는 것입니다. 더구나 성경은 일점 일획의 오
류도 없는 하나님의 말씀, 바로 그것이라는 데는…

솔직하게 말해서 좀 불쌍한 생각이 듭니다. "도대체 얼마나 세뇌를 당

했기에 성경책이 일점 일획의 오류도 없는 하나님의 말씀으로 믿을까?"
생각해보십시요. 세상에 어떠한 책이 전혀 오류가 없는 책이 있을 수가
있는가를…

성경책도 분명히 사람들이 쓴 것임에 틀림없을 것이며, 사람들이 쓴
이상 오류는 있을 수 있는 것이 아니겠습니까? 도대체 기독교인들은 무
슨 증거가 있기에 성경책이 하나님의 말씀이라고 주장하는지 모르겠습
니다.

목사님께서도 성경책이 정말 하나님의 말씀이라고 믿으십니까? 혹시,
목사님이기 때문에 속으로 안믿으시면서도 겉으로는 믿는 척하시는 것은
아닐까요?

분명 성경이 하나님의 말씀이라면, 지금 기독교인들은 도대체 뭘하고
있는 것입니까?

이렇게 많은 사람들이 성경을 모르고 있는데…

A 참으로 당돌한 질문이군요. 그러나 그 당돌함이 진리에 대한 갈 급함 즉, 사실을 확실히 알아야겠다는 열망 때문이라고 생각되기에 참으로 기쁘게 생각합니다.

성경이 하나님의 책이라는 가장 크고 제일 가는 증거는, 성경 자신이 아주 분명하게 오류 없는 살아 계신 하나님의 말씀이라고 주장하고 있다는 것입니다.

당신은 그 어느 종교적 책에서 그런 분명한 주장을 하고 있음을 발견한 적이 있습니까?

성경은 단 한번도 그것을 증명하려고 시도하고 있지 않습니다. 오히려 성경을 읽는 독자들의 시인을 가정하고 있습니다. 성경은 거듭해서 하나님을 성경의 저자(Author)라고 선언하고 있습니다. 한두 번이 아니라 수천 번씩… 이 메시지는 하나님의 메시지라고 언급하고 있습니다.

흔히 기독교나 교회를 나쁘게 말하는 사람들은 대개가 교회나 성경에 대하여 전혀 모르거나 편견을 가진 사람들이 많습니다. 그들은 교회에 참석하거나 성경을 읽어보려고는 생각도 안합니다. 그러면서도 그들은 이지구상에서 제일 똑똑한 사람인 것같은 거만한 태도를 가집니다. 이것은 스스로를 위해 대단히 불행한 일입니다.

이 글이 그런 사람들에게 조금이라도 도움이 되기를 바랍니다.

성경이라는 말은 영어로 the Bible 또는 Holy Bible이라 하는데, 이 말은 희랍어 Βίβλος에서 온 것으로 "책"이라는 뜻을 가지고 있습니다.

이 말이 의미하는 바는 진짜 책은 바로 이것이라는 것입니다. 몇 가지 사항을 들어 성경이 "책중의 책(Book of books)"이며 "하나님의 말씀(Word of God)"임을 살펴보고자 합니다.

1. 책의 내용

이 책 내용을 한번 검토해 보십시오.

다른 길로는 도저히 알 수가 없는 천국(Heaven), 지옥(Hell), 천사(Angel), 마귀(Satan), 하나님의 개성, 과거와 미래, 영원(Eternity)과 같은 문제에 관해서 성경은 서슴치 않고, 권위를 가지고 이야기하고 있습니다.

성경은 인간의 마음의 깊은 심연을 아주 적나라하게 파헤치고 있습니다.

세계 각국의 모든 도서관을 뒤져보아도 이와 같이 많은 그리고 엄청난 주제(subjects)를 다룬 책은 없습니다.[1]

2. 놀라운 편집

성경은 구약 39권 신약 27권 도합 66권의 각각 독특한 책들을 합해 놓은 것이며, 더구나 왕으로부터 평민에 이르기까지 다양한 직업을 가진 40여명의 저자들에 의하여 쓰여졌고 아시아, 아프리카, 유럽의 3개 대륙에서 3개의 언어(구약은 "히브리어"와 "아람어", 신약은 "희랍어")로 1600여 년에 걸쳐서 기록된 것입니다. 그럼에도 불구하고 이 책은 마치 한 저자에 의해서 쓰여진 단 한 권의 책처럼 단 하나의 주제를 이야기하고 있습니다. 이것을 비교해 보기 위해서 우리가 기독교 기원 1세기 이후의 여러 가지 기록 문서들을 모아서 한 권으로 책을 편집한다고 가정해 봅시다.

고대 파피루스, 조개 껍질의 기록, 철인들이 쓴 문서, 동방의 지혜 문서 등 무엇이나 택하여 재료로 삼아 봅시다. 그리고 각 세기의 문헌 중에서

---

[1] 윌리암 오어, 『현대 젊은 지성인들의 질문에 답하여』(서울:생명의 말씀사, 1980), pp. 20~21.

각계 각종의 직업 즉, 상인, 노동자, 성직자, 농부 등에 관한 대표적인 작품들을 골라내어 한 권의 책으로 만들어 봅시다. 그 결과는 당신이 본 중에서 최고로 우스꽝스럽고, 연결성이 없는 모순투성이의 책이 되고 말 것입니다.

반면에 성경은 이와 같은 그 편집과정으로 보아 결코 통일성이 있을 수 없을 것이지만, 놀랍게도 시종일관하게 하나의 심포니처럼 통일되어 조화를 이루고 있음은 실로 기적이 아닐 수 없습니다.

이에 대한 대답은 한가지입니다. 즉, 하나님께서 그렇게 하셨다는 것입니다. -William W. Orr-[2]

3. 기적적인 유지

구약성경을 지켜온 유대인들(Jews)은 많은 민족적 수난과 전쟁과 이교의 도전 등에 시달려온 민족입니다. 이러한 환경 속에서 구약성경의 역사적인 내용이 정확하게 지켜져 온 것은 실로 기적적입니다.

그래서 Robert Dick Wilson은 말하기를 "수학적으로 말해서 이런 자료가 정확하게 기록되기는 750,000,000,000,000,000,000,000에 한번 있는 기회이다"라고 했습니다.

신구약 성경이 확립된 이래 로마 황제로부터 현재의 공산주의에 이르기까지 얼마나 많은 사람들이 성경을 금지하고, 불태우고 불법화하여 말살하려 했고 얼마나 많은 철학자, 사상가들이 이를 비판해 왔는가!

어떤 책이 성경과 같이 훼방과 미움과 박해를 받았습니까? 무수히 많은 왕과 지도자들이 성경을 완전히 말살해 버리려 했습니다.

---

2) 『열단계성서교재』 (서울:한국대학생 선교회 출판부, 1977), pp. 153~154.

전 국가가 연합하여 성경을 반대하여 궐기하기도 했습니다. 때에 따라서는 이 책을 불법화하여 완전히 추방시키기 위한 법률이 통과되기까지 했습니다.

그러나 이 책은 '지금', '여기' 우리와 함께 있습니다. 그토록 핍박을 당한 책도 없었고, 그러한 박해에 대해 그토록 승리한 책도 없습니다.

실로 지금 우리 손에 들어오기까지 성경이 유지되어 온 것은 그야말로 하나님의 기적적인 보호하심인 것입니다.[3]

고대 문학작품들의 사본은 기껏해야 2,3백벌 남아 있으나, 신약성경의 사본은 수천(약 4000)에 달합니다. 고대문학 작품의 가장 오래된 사본은 원본보다 천년 혹은 그보다 훨씬 지난 후에 쓰여진 것들을 복사한 것들이지만 신약의 사본들은 원본 이후 300년 내지 150년 이내의 것들입니다(J. Harold Greenlee박사).

최초의 증거자료를 발견했을 때와 원본이 쓰여졌던 시기와의 시간적 차이는 사실상 무시해도 될 만큼 짧습니다. 그리고 성경이 본래 쓰여진 원형대로 우리에게 전해진 것을 의심할 만한 마지막 근거까지도 이제는 완전히 일소되었습니다. 마침내 신약의 모든 책들에 대한 진정성(眞正性)과 완전히 보존된 사실이 확증되었습니다(영국 고전학자, 학술원 원장, 프레드릭 케년 경). 이와 같이 하나님은 우리를 위하여 기적적으로 그의 말씀을 보존하셨던 것입니다.[4]

---

3) Bernard Ramm, Protestant Christian Evidences, 14th print., (Chicago :Moody press, 1973), pp. 230~233.
4) 「열단계성서교재」, p. 165.

4. 놀라운 발행 부수

세계적인 그리고 우리나라에 있어서 베스트셀러가 "성경"이라는 것을 부인할 사람은 아무도 없습니다. 또한 가장 값비싼 책이기도 합니다.

구텐베르그의 라틴어 성경(Gutenberg's Lantin Vulgate)은 한 권에 10만 불 이상에 팔리고 있고, 영국은 소련으로부터 10만 파운드(51만 달러)를 주고 "시내 사본(Codex Sinaiticus)"을 사들였습니다. 과연 얼마나 많은 성경이 발행되고 있는지는 아무도 정확히 알 수 없습니다.

미국에서만 1932년까지 1,330,231,815권이 인쇄되었다고 하며, "영국과 외국성경협회"가 밤낮으로 3초당 1권, 매분 22권, 매시간 1,369권, 매일 32,876권을 발행하고 있는데, 세계 곳곳에서 발행되는 성경숫자를 정확히 집계한다면, 아마 우리의 숫자 한계로는 셀 수도 없을 것입니다. [5]

5. 예언의 성취

의심할 여지없이 성경의 위대함의 최대의 증거는 "그 예언한 바가 예외 없이 이루어졌다"는 사실입니다. 미래를 빈틈없이 정확하게 볼 수 있는 것이 인간에게는 불가능합니다. 그러나 성경은 항상 미래를 예언했고 현재도 예언을 계속하고 있습니다.

성경의 예언은 대부분 그리스도의 탄생과 생애와 재림에 그 초점을 맞추고 있습니다. 이러한 예언은 지금까지 정확하게 이루어졌습니다.

그리스도에 대한 예언이 성경에는 약 300군데나 됩니다. 이것을 단지 50군데라고만 가정하더라도 수학자들의 계산에 의하면, 그것이 성취될

---

5) Bernard Ramm, op. cit., pp. 226~229.

수학적 확률은 1,125,000,000,000,000(1125×1012) 분의 1밖에 안된다고 합니다.[6]

이 얼마나 정확한 예언의 성취입니까? 그 밖의 이스라엘과 유다와 그 주변국가들의 흥망성쇠와 바빌로니아, 메디아, 페르시아, 헬라와 로마에 대한 예언(다니엘 2:36~45) 등은 얼마나 정확하게 이루어졌습니까. 여러 세기에 걸쳐 유대 민족(Jews)이 방랑생활하리라는 예언과 그후에 다시 재 집합하여 국가를 이루리라는 예언이 성취된 것을 보십시요("70년 바벨론 포로"의 귀환과, 1948년 이스라엘 국가 재건).

이것이 하나님의 지혜가 아니고 무엇이겠습니까?[7]

6. 영향력

성경은 영원한 고전으로 사상의 원천이고 원천적 교양이며 날이 갈수록 새로운 베스트셀러입니다.

성경 문화권 내에 사는 개인이나 가정이나 국가는 놀라운 변화가 일어납니다. 성경으로 의식구조의 기초를 이룬 개인이나 가정이나 국가는 후진성을 면하고, 아름다운 번영이 있습니다. 성경이 들어가는 곳마다 절망이 소망으로, 흑암이 광명으로, 미신과 무지가 참신앙으로 변하고, 죽음이 있는 곳에 생명이 생기고, 과학과 예술과 경제의 부흥이 일어납니다. 그래서 성경은 삶의 생기라고 합니다(에스겔 37장).

이 사실은 통계학적 진리이며, 이 처방은 임상학적으로 확인된 사실이며 최고, 최대, 최선, 최다수의 증언과 증거로 인정된 권위입니다.

---

6) 『열단계성서교재 교범』(서울:한국대학생선교회), p. 351.
7) 윌리암 오어, op. cit., p. 23.

성경이 우리나라에 들어온 후 지난 100년간의 변화를 생각해 보십시요. 참으로 성경은 하나님의 말씀으로 영(spirit)이고, 생명이며(요한복음 6:63), 살았고 능력이 있으며(히브리서 4:12), 성령의 검입니다(에베소서 6:17).

영생의 책, 생명의 책, 구원 얻는 책입니다.[8]

7. 반대하는 의견들에 대하여

성경을 최고의 권위로써 인정하지 못하는 사람들의 이유는 다음과 같은 것들입니다.

ⓐ 그들은 성경과 과학이 일치하지 않기 때문이라고 합니다. 많은 증명되지 않은 비과학적 학설들은(예를 들면, "진화론"같은) 성경과 일치하지 않습니다. 그러나 진실로 증명된 과학과 성경이 일치하지 않은 곳은 한군데도 없습니다(디모데전서 6:20).

ⓑ 그들은 성경과 지질학이 일치하지 않기 때문이라고 말합니다. 지질학자인 Guyot는 진실한 지질학은 성경과 완벽하게 일치한다고 증언하였습니다.

ⓒ 그들은 성경과 일반 과학이 일치하지 않기 때문이라고 말합니다. 미국의 위대한 화학자 Rader씨는 이와 같은 실수 역시 논박하고 있습니다.

---

8) 김준곤, 『성서조감』 (서울:한국대학생선교회, 1975), pp. 12~13.

ⓓ 어떤 사람들은 성경이 지리학과 의견을 달리하기 때문이라고 말합니다. 저명한 지리학자 Christie박사는 주장하기를 성경에는 단 하나의 지리학적 실수도 없다고 합니다.

ⓔ 어떤 사람들은(천주교인들) 최고의 권위는 성경이 아니라 교회이기 때문이라고 합니다. 그러나 정확무모한 하나님의 말씀인 구약성경은 천주교보다 훨씬 오래된 것이라는 것은 아주 자명한 사실입니다.[9]

8. 위인들의 증언

ⓐ 성경은 하나님이 인간에게 주신 선물 중에서 최고의 선물임을 나는 믿는다. 〈아브라함 링컨〉

ⓑ 성경의 존재야말로 인류가 경험해 온 어떤 유익보다 위대한 것이다. 이 책을 낮게 평가하려는 어떤 시도도 인류에 대한 죄악이다. 〈임마누엘 칸트〉

ⓒ 성경의 역사적 신빙성은 어떤 일반 역사보다 믿을 만한 확증이 있다. 〈아이작 뉴톤〉

ⓓ 내 사상이나 문체에 있어서 칭찬받을 만한 것이 있다면, 그것은 모두 내 부모가 어릴적부터 성서를 사랑하도록 가르쳐준 덕분이다. 〈다니엘 웹스터〉

---

9) 『주제별성경연구』(두란노서원, 1981), pp. 143~144.

ⓒ 내 생애에 있어서 역경과 난관을 당할 때마다 성경은 항상 내게 빛과 힘이 되었다. 〈로버트 리〉[10]

9. 계시와 영감과 조명

성경을 바로 이해하고 성경의 권위를 인정하기 위해서 필요한 몇 가지 사실을 참고로 말씀드림으로 답변을 마무리합니다.

ⓐ 계시(Revelation)

"계시"라는 말은 "베일을 벗긴다", "뚜껑을 연다"란 뜻의 라틴어 "리벨라치오(revelatio)"에서 온 것으로, 이 라틴어는 희랍어 "아포칼룹시스(ἀποκαλύψις)"에서 유래하였는데, 이것은 감추었던 것이 열리어 나타난 것을 의미합니다. 이것은 하나님께서 자신을 인간에게 나타내서서 알려주심을 의미합니다.

이 말은 곧 하나님께서 스스로 알려주시지 않는다면, 지능지수가 아인쉬타인의 100배가된다 해도 전 인류의 지식과 지혜를 다 동원한다 해도 결코 알 수 없는 절대 비밀임을 뜻합니다.

하나님께서는 자연현상이나 역사적인 사실, 인간의 이성과 양심 작용 등을 통하여 하나님의 인격이나 속성(Attribute)의 어떤 측면을 나타내시는데 이것을 "자연계시" 또는 "일반계시"라고 말합니다.

그러나 하나님께서는 인간을 구원하시고자 하는 것은 "자연계시"가 아닌 초자연적인 방법을 통한 "특별계시"로 나타내셨는데, 자기의 선지자들(Prophets)을 통하여 기적적이고 초자연적인 방법으로 나타내셨습니다.

---

10) 『열단계성서교재』(서울:한국대학생선교회 출판부, 1977), P. 154.

이 특별계시의 기록이 곧 성경입니다.

ⓑ 영감(Inspiration)

영감은 성경의 저자들이 하나님께서 계시하신 메시지를 기록할 때 오류나 누락이 없도록 보호하고 감독하여 정확하게 기록하도록 하나님께서 특별히 역사하신 것을 말합니다.

하나님께서는 성령님(Holy Spirit)을 통해 성경 저자들을 감동시키셔서 그들이 자기들의 고유한 교양, 지식, 성격, 언어, 습관, 풍습 등을 사용하여 성경을 기록하였지만, 아무런 잘못이나 빠뜨림이 없이 하나님의 말씀을 정확하게 기록하도록 하셨던 것입니다. 성경의 한자 한자는 모두 하나님께서 영감 하신 하나님의 말씀인 것입니다.

한가지 예로 성경에는 ① 강물의 순환법칙(욥기 36:27~29), ② 공기의 무게(욥기 28:25), ③ 바람의 순환(전도서 1:6~7), ④ 태양의 궤도(시편 19:4~6), ⑤ 지하의 용암(욥기 28:5), ⑥ 지구의 궤도(욥기 26:7)에 대하여 말하고 있는바, 과학자들의 발견보다 3,000년이나 먼저 정확하게 기록되어 있는 것입니다.

> 모든 성경은 하나님의 감동으로 된 것으로…
>
> (디모데후서 3:16)

ⓒ 조명(Illumination)

조명은 신자들이 성경을 읽을 때, 하나님께서 말씀하시고 기록하신 본래의 뜻을 밝히 깨달아 알 수 있게 하시는 성령을 통한 하나님의 역사(work)입니다.

성령의 조명하심이 없으면, 성경을 읽어도 깨닫지 못하고 오히려 졸릴 뿐이고, 엉뚱하게 깨닫거나 곡해하게 될 것입니다. 지식 꽤나 있다는 소위 지식인들이 성경을 읽고도 엉뚱한 소리를 하는 것이 바로 이 하나님의 조명하심이 없이 읽은 까닭입니다.[11]

너희가 듣기는 들어도 깨닫지 못할 것이요 보기는 보아도 알지 못하리라 이 백성들의 마음이 완악하여져서 그 귀는 듣기에 둔하고 눈은 감았으니(마태복음 13:14~15)

프랑스의 유명한 철학자 볼테르는 한때 "성경은 이제 머지 않아 쓸데없는 책이 되고 말 것이다"라고 했습니다. 그런데 200년이 지난 뒤에 그가 살던 집은 프랑스 성서공회가 되어서 성경책을 반포하는 곳이 되고 말았습니다.[12]

---

11) 김준곤, op. cit., pp. 14~19.
12) 이은호, 『현대설교예화모음』(대구:보문출판사, 1984), p. 113.

─Reference book (참고 도서)

스탠다드 오일(Standard Oil) 회사 이야기

스탠다드 오일(Standard Oil) 회사라고 하면 세계적으로 우수한 기름 회사로 이집트에서 기름을 퍼내고 있다고 하는 사실은 널리 알려져 있다. 그런데 어떻게 해서 미국의 석유 회사가 이집트에서 석유를 퍼내게 되었는가 하는 것은 잘 알려지지 않았다.

스탠다드 오일(Standard Oil) 회사의 중역 가운데 신앙이 돈독한 사람이 하나 있었다. 그가 창세기를 다 읽고 출애굽기 제2장을 읽고 있는데

레위 족속 중 한 사람이 가서 레위 여자에게 장가들었더니 그 여자가 잉태하여 아들을 낳아 그 준수함을 보고 그를 석달을 숨겼더니 더 숨길 수 없이 되매 그를 위하여 갈 상자를 가져다가 역청과 나무 진을 칠하고 아이를 거기 담아 하숫가 갈대 사이에 두고…(출애굽기 2:1~3)

라고 한 구절을 읽게 되었다. 이 성경 구절을 읽는 동안 그의 머리에는 무엇인가 번갯불처럼 지나가는 것이 있었다. 역청이라고 하는 것이다.

역청이라고 하는 것은 영어로 피치(Pitch)라고 하는 것인데 피치는 바로 석유인 것이다. 모세의 어머니가 역청을 구할 수 있었다면 바로 그곳에 기름이 날 것이 틀림없다고 판단한 그는 찰스 휫샤트 (Charles Whitshott) 라고 하는 지질학자를 이집트로 보내 현지를 답사하게 했다. 아닌게 아니라 모세의 어머니가 모세를 갈상자에 담아 떠내려보냈다고

하는 바로 그곳에서 커다란 유전을 발견하게 되었던 것이다.

성경 말씀은 하나님의 말씀이다. 그런데 하나님의 말씀을 상고하는 가운데 영적인 능력만 체험하는 것이 아니라 인격적인 변화가 오는 것은 물론이요, 이렇듯 물질적 축복을 찾게 되는 경우도 있는 것이다.[13]

---

13) 선윤경 외 2인,『마르크』(서울:도서출판 돌샘, 1990), pp. 167~168.

08

성경이 진리라면,
왜 과학적 사실들과 모순됩니까?

Q 목사님은 바로 전의 항목에서 성경은 하나님의 말씀으로 전혀 오류가 없다고 말씀하시면서, 과학과 일치하지 않는 곳은 하나도 없다는 말을 인용하셨습니다.

저는, 기독학생으로써, 성경이 하나님의 말씀이라고 믿고 있습니다. 그러나, 학교에서 배우고 있는 과학 책에 의하면, 성경은 과학과 일치하지 않는 점이 너무나 많이 있더군요. 과학에 의하면 지구의 나이는 45억년이나 되었는데, 성경의 역사를 보면 불과 1만년도 되지못하고, 성경은 모든 천지만물을 하나님이 창조하셨다고 했는데, 과학은 말하기를 진화되었다고 말하고 있습니다. 오늘날 진화론이 과학적 사실이라는 것을 모르는 사람은 하나도 없습니다. 국민학교 때부터 대학에 이르기까지 모두 다 그것을 배우고 있으니까요.

목사님께서 이런 모순을 어떻게 설명하실 수 있습니까? 또 이런 과학적 사실을 부정하시거나 아니면 하나님과 성경을 부정하시거나 양자택일을 해야 할 경우가 온 것 같은데, 과연 어떤 결정이 내려져야 한다고 봅니까?

A 앞에서도 말씀드렸듯이, 성경은 과학적 사실과 모순되지 않습니다. (물론 초자연적 기적의 사건들을 제외하고… 그것은 순수한 종교의 영역이지 과학의 영역은 아니니까요…) 그러나 지금 형제가 지적한 사실들은 과학적 사실이 아니라 진화론에서 말하는 것에 불과합니다. 어떤이는 진화론이 곧 과학 인줄로 알고 있는데 이는 기본 가정부터 사기 당하고 있는 것입니다. 진화론은 하나의 가설이지 과학이 아닙니다. 하나의 가설이 실험에 의해 그것이 증명되었을 때에 비로소 과학적 사실로 인정되는 것입니다.

그런데 진화론이 언제, 누구에 의해, 어디서, 어떻게 실험되어 증명되었단 말입니까?

진화론자들이 말하는 진화란 수억년을 필요로 하는 만큼 그것을 증명하기란 불가능한 것이며, 창조론 역시 하나님께서 천지를 창조하실 때 거기에 입회한 사람이 아무도 없기에 그 역시 증명될 수는 없는 것입니다.

그러나 나타난 과학적 사실들에 의해서 어느 것이 더 과학적 사실인지는 판단할 수가 있습니다. 과학적 사실에 의하면 진화론은 극히 비과학적이며 오히려 창조론은 철저하게 과학적이란 사실입니다. 그럼에도 불구하고 오늘날 과학 교과서에 진화론 일색이 된 것은 1925년 7월 미국 테네시주 데이톤에서 열렸던 소위 스코웁스(Scopes) 판례라 불리는 재판의 영향 때문인데, 이 재판은 진화론자와 창조론자의 법정 투쟁이었습니다. 이 재판에서 창조론이 패소하고 진화론이 승소하였던 것입니다.[1]

당시에는 아무도 과학적 사실을 들어 창조론을 옹호하고 진화론을 배격하지 못했습니다. 그러나 세월이 흐르고 과학이 발달함에 따라서 이제는 진화론은 비과학적인 거짓이요, 창조론은 과학적 사실과 모순되지 않

---

1) 한국 창조과학회편, 『창조론의 최전선에서』(서울:새순출판사, 1985), p. 1.

는다는 것이 밝혀져서 미국의 경우에는 점차 과학 교과서에서 진화론이 자취를 감추고 있습니다만, 우리나라는 아직도 19세기의 산물인 진화론을 신봉하는 자들이 교과서 심사 위원들이기 때문에 창조론과 진화론을 비교 설명하는 과학 교과서를 탈락시키고 있는 실정입니다.[2]

진화론은 약 주전 700년 경의 헬라(희랍)의 이오니아(Ionio)철학에서 기원한 것으로써, 그것이 다윈에 의해서 "종의 기원"으로 나타났고, 그것에 매혹된 사람들에 의해서 우주와 인간과 생물에까지 진화를 적용하게 되었습니다.[3]

이 진화론에 의하면, 약 7조년 이전에 우주의 무한 공간에 우주의 진들이 덮여 있었는데, 그 우주진들은 외부의 기류와 압력에 의하여 회전운동을 하게 되었습니다.

그 우주진들이 구심점을 중심으로 결합하게 되었는데, 그 결합 운동은 외부의 공기의 마찰로 열을 받아 불덩어리가 되었다가, 마침내는 원심력에 의해 한 덩어리씩 분리되어 나오게 되었습니다. 그것들이 냉각되어 유성, 항성, 기타 천체를 이룬 것이라고 합니다.[4]

그러다가 약 20억년 전에 태양 가까이를 별 하나가 맴돌다가 그 영향력으로 태양의 파편이 하나 떨어져 나왔는데 그것이 바로 지구이며, 그 지구는 점차 냉각되기 시작하였고, 그 이유는 알 수 없지만, 최초의 생명체가 탄생하였고(미생물, 아메바) 그것이 점차 진화하여서 오늘날과 같은 고등 동물계와 인간까지 만들어 내게 되었다고 주장하면서, "이와 같은 진화론적 우주 속에 우리는 우연히 태어났는데, 우리의 우연적 출생에 대

2) Ibid., p. 5.
3) 원용국,『최신 성서고고학』(서울:경향문화사, 1983), pp. 138~139.
4) Ibid., pp. 139~140.

해서 우리는 조금도 놀랄 필요가 없다. 왜냐하면 이 우주 안에서 우연은 매일같이 일어나고 있는 우리의 현실이기 때문이다"라고 말합니다. [5]

이와 같이 진화론은 모든 만물이 우연히 생기고 우연히 진화하여 우연히 오늘날과 같이 존재한다고 말하고 있습니다.

자 그럼 이제부터 몇 가지 사실을 지적함으로써 진화론이 얼마나 비과학적 가설인지를 생각해 보겠습니다.

1. 발생학적 사실:

오늘날 지구상에는 약200만 종의 생물이 있습니다. 진화론에 따르면 이러한 생물들은 무생물에서 진화한 것입니다. 따라서 진화론은 생명이 자연적으로 발생한다는 것입니다. 그러나 1862년 불란서의 파스테르(pasteur)의 실험으로 자연발생설이 폐기되어 모든 생물은 그 생물의 모체에서 부터 유래한다고 결론짓게 되었습니다.

파스테르는 미생물의 번식에 있어서 온도, 습도, 공기 및 영양이 적당하더라도 밖으로 부터 미생물이 들어가지 않는한 미생물은 생기지 않음을 S자처럼 생긴 특수한 플라스틱(Swan-neck)을 사용하여 실험으로 증명하였던 것입니다. [6]

이리하여 생명은 자연히 발생하는 것이 아니라 창조주 하나님에 의해서 창조되었음이 과학적 사실임을 알 수 있습니다. [7] 그러나 우리나라의 83년 문교부 검정 생물책에는 이미 폐기된 1950~1960년대의 해묵은 이

---

5) 박아론,『왜 기독교는 진리인가?』(서울:예수교문서선교회, 1978), p. 50.
6) 한국 창조과학회편,『진화는 과학적 사실인가?』(서울:태광출판사, 1981), P. 17.
7) Ibid., p. 37.

론을 근거로 진화론이 마치 과학적 사실인 것처럼 기술되고 있습니다. 이는 비과학적 유언비어(진화론)를 뿌리 뽑으려면 양심적인 과학자들의 진지한 노력이 필요함을 보여 주고 있는 사실입니다.[8]

2. 열역학의 증거:

열역학에 있어 "에너지 보존의 법칙(제1법칙)"과 "엔트로피(Entropy, 제2법칙)"는 불변의 법칙이며, 이 법칙의 예외란 아직까지 전혀 없습니다.

"에너지 보존의 법칙"이란 "에너지의 형태는 변하여도 언제나 그 양은 일정하여, 창조되거나 파괴되지 않는다"는 것이며, "엔트로피"란 "무질서도, 즉 쇠퇴현상"을 의미하는 말로, 물질은 점차 무질서하고 쇠퇴한다는 것이 열역학의 제2법칙입니다.

진화론에 의하면, 에너지는 점차 증가하고, 만물은 점차 진보 향상 된다는 것입니다. 그러나 열역학에 의하면 에너지는 불변하여 창조되거나 소멸되지 않으며, 만물은 점점 해체되고 붕괴되고 있다는 것입니다.

따라서 진화론은 열역학의 두 법칙과 전적으로 모순되는바, 열역학의 두 법칙은 과학적 사실이므로 진화론은 거짓말을 하고 있는 것입니다.[9]

3. 생물학적 증거:

진화론에 의하면 돌연변이에 의해 유익한 변종이 발생되면 그것이 유전되어 우량종이 번식되고, 따라서 "적자생존"과 "자연도태"의 현상에 의

---

8) 한국 창조과학회편, 『창조론의 최전선에서』, p. 21.
9) 헨리 모리스, 서철원 역, 『진화론과 현대기독교』, 재판 (서울:생명의 말씀사, 1973), pp. 27~31.

해 우량종은 유지되고 열등한 종은 사라지게 되어 진화가 이루어진다는 것입니다. 그러나 생물학적 실험에 의하면 자연적으로 돌연변이가 일어나지 못하도록 생물체내에 유전자 교정장치(DNA-repair system)가 있다는 사실이 확인되었습니다.

초파리에 X광선을 쬐어 돌연변이를 야기시키면 정상 초파리보다 수명이 짧고 허약한 자손들이 나타나고, 뿐만 아니라 아무리 이렇게 돌연변이를 시켜도 3세대를 못가서 정상 초파리로 돌아가 버리고 맙니다.[10] 가끔가다 잡종이 생길 수도 있지만 그 잡종은 번식을 하지 못합니다.

예를 들면, 말과 당나귀를 교배시켜 노새가 생길 수 있지만, 노새는 번식을 못합니다. 같은 종내에서는 돌연변이가 가능하지만 다른 종으로의 돌연변이나 그 유전은 불가능한 것입니다.

이는 이미 멘델의 유전법칙으로 확인된 것입니다.[11] 뿐만 아니라, 1980년 10월 16~19일 시카고에서 세계적 권위를 가진 진화론자 160명이 모여 "대진화"란 제목으로 회의를 열었는데, 그 회의의 결론은 대진화(한 종에서 다른 종으로의 진화)는 일어날 수 없다는 것이었습니다.[12]

획득형질은 유전되지 않는다는 멘델과 바이스만 등의 증거는 진화론의 비과학성을 여실히 증명하고 있는 것입니다.

4. 화석학적 증거

지금까지 화석은 진화론의 주무기였습니다. 그러나 이제 화석학은 더이상 진화론을 지지하지 않습니다. 지구상의 모든 화석을 다 뒤져도 중간

---

10) 한국창조과학회편, 『창조론의 최전선에서』, p. 25.
11) 한국 창조과학회편, 『진화는 과학적 사실인가?』, pp. 65~70.
12) Ibid., p. 78.

변종의 화석이 없다는 것입니다.

진화론이 주장하는 무척추 동물에서 척추동물로 또 양서류에서 파충류로 파충류에서 포유류의 진화가 사실이라면, 그 중간 형태의 수많은 변종이 있어야 할텐데, 그런 화석은 없는 것입니다. 쉽게 말해서 원숭이가 진화되어 사람이 되었다면 그 중간에 반 원숭이, 반 사람인 수많은 진화 과정의 화석이 있어야 하는데 원숭이의 화석도 있고 사람의 화석은 있지만 그 중간 형태의 화석은 없다는 것입니다.[13] 뿐만 아니라, 진화론에서 가정하고 있는 고생대부터 신생대까지의 열두개의 지층을 모두 갖춘 지층은 세계 어디에도 없고, 또 실제로는 그 순서가 빠져 있거나 바뀌어져 있다는 것입니다.[14] 그리하여 조상이 후손보다 나중에 나타나는 모순을 많이 볼 수 있는 것입니다.[15]

또한 놀라운 사실은 진화론자들이 7천 만년 전에 멸종되었다고 추측했던 크로소프테리기안과 똑같은 어류가 1939년 아프리카 해안 약 1,500m 깊이에서 산채로 잡혔다는 사실입니다. 진화론에 의하면 그들의 친구는 인간으로까지 진화했는데 그들만 유독히 수백 만년동안 유전학상으로나 골격학상으로 조금도 변치않고 남아있다니 참으로 믿기 어려운 얘기입니다.[16]

화석학은 생물이 처음부터 지금있는 종류대로 존재했었다는 사실을 증명하고 있음으로 이는 곧 태초에 하나님께서 그 종류대로 생물을 창조하셨다는 성경을(창세기 1:24~25) 지지하고 있는 것입니다.

---

13) Ibid., p. 172.
14) Ibid., p. 88.
15) Ibid., p. 109.
16) 한국 창조과학회편, 『과학적 증거는 진화를 부정한다』pp. 11~12.

5. 인류학적 증거

진화론에 의하면 사람은 원숭이가 진화되어 생긴 것이며, 그것을 증명하는 중간단계 생물로 오스트랄로피테쿠스, 피테칸트로푸스, 푸단에렉투스, 네안데르탈스 및 현생인류 등 여러 종류의 화석을 제시하여 인간의 진화를 설명하고 있습니다. 그러나 요즈음 그런 것들은 원숭이이거나 아니면 인간이며, 그 중간 변종이 아니라는 것이 밝혀졌으므로 더 이상 진화의 근거로 사용될 수 없게 되었습니다.

오스트랄로피테쿠스는 영국의 해부학자 쥬커만경과 시카코대학의 해부학 및 인류학 교수인 옥스나드 박사에 의해 단순한 원숭이에 불과하다는 것이 밝혀졌고, 피테칸트로프스(쟈바인)는 그 발견자가 30년 동안 감추어 두고 공개하지 않으면서 거짓말을 했으나 결국 죽기 전에 긴팔 원숭이라고 고백을 하였으며, 네안데르탈인은 비타민 D의 부족으로 인한 곱추병 환자였음이 밝혀졌고, 크로마뇽인은 완전한 현대인으로 밝혀졌습니다.[17]

이 외에도 원숭이와 사람 사이의 중간 생명체로 발표된 것 중에서 하나도 진화의 중간 단계로 결정지어진 것은 없습니다. 라마피쉬크스는 원숭이임이 알려졌고, 북경인은 이빨 두 개를 제외하고는 1941~1945년 전쟁 당시 모두 잃어버려(일본인들이 일본으로 반출중 없어짐) 더 이상 확인이 불가능하며, 네브라스카맨(Nebraska-man)은 미국산 돼지 이빨 하나를 근거로 그려낸 허위임이 밝혀졌고, 소시웨스트 콜로라도맨은 사용된 이빨이 오슨말의 것임이 알려졌고, 하이델베르그인은 스코틀랜드 원주민의 것과 똑같은 사람임이 밝혀졌고, 2800만년전 인류의 조상이라고 여겨졌

---

17) 한국 창조과학회편, 『창조론의 최전선에서』, pp. 27~28.

던 KNMER 1470 두개골도 사람임이 밝혀졌습니다.[18)

50만년 전의 것으로 추정되었던 필트다운인(Piltdown man)도 원숭이 턱뼈와 사람의 두개골을 유인원처럼 보이게 하기 위해 철염으로 화학처리하여 조작한 것임이 밝혀졌습니다.[19)

이와 같이 대다수의 경우 소위 유인원으로 알려진 것들은 순전히 인류학자들이 진화론을 증명하기 위해 조작해낸 사기극이었거난 편견에 지나지 않는 것입니다. 그런데 오늘날 그것을 근거로 인간이 원숭이에서 진화했다고 믿는 사람들이 이렇게도 많으니, 과연 거짓의 힘은 크다 아니할 수 없습니다.

6. 연대 측정의 문제

일반적으로 방사선 탄소(C-14) 시계 방법에 의한 연대 측정이 인정되고 있지만, 원소의 최초의 양과 대기중으로 유입되는 우주선의 양과 물질적인 압력, 화학결합 상태, 전기 및 다른 외적 요인들에 의해서 모든 방사선 원소들의 붕괴 속도가 달라지고 시간에 따라서도 변한다는 것이 입증되었습니다. 따라서 방사선 탄소에 의한 연대 측정이 결코 정확한 연대 측정이 될 수 없다는 것입니다.

실제로 ① 살아 있는 달팽이 껍질을 떼어서 측정한 연대는 2300년으로 나왔고, ② 살아 있는 나무의 일부를 가지고 산출한 연대는 1만년이나 된 고목으로 변했고, ③ 이라크 북동 지방에서 500년간 존속한 것으로 입증된 자모(Jarmo)라는 종족의 잔해를 실험한 수치는 6000년의 차이를 보였

---

18) 원용국, 『최신 성서고고학』, pp. 144~148.
19) 한국 창조과학회편, 『진화는 과학적 사실인가?』, pp. 160~162.

으며, ④ 갓 잡은 물개가 1300년 된 것으로, 죽은지 30년밖에 안된 물개는 4600년이나 오래된 것으로 둔갑한 결과가 나왔던 것입니다.

수천대까지의 연대는 비교적 정확한 측정이 가능하지만, 몇만 년대의 연대는 믿을 수 없는 것입니다.[20] 실제로 확실한 과학적 사실에 의하면 지구의 나이는 진화론자들의 주장보다 훨씬 젊다는 것입니다.

① 지구의 자장의 반감기는 1400년인데, 이 사실로 보면 지구의 나이는 1만년 내외임이 자명하고(만약 2만년만 되었어도 큰 자장이 붕괴시에 내놓는 고온 때문에 지구는 액체로 될 것임).

② 현재 대기 중에는 헬륨이 1.4ppm이 있으며, 전체량은 $3.5×1015$ 그람인데, 연간 헬륨의 생성 속도가 약 $3×1111$ 그람이므로 지구의 나이는 몇만년으로 계산되며,

③ 지구의 회전은 점점 느려지고 있는데, 만약 지구의 연대가 10 억년이라면 현재의 지구 회전속도(자전)는 "0(zero)"가 되어야 한다. 반대로 말한다면, 15억년 전에는 너무나 빨라 원심력에 의해 대양은 양극으로 밀려나고, 육지는 적도로 모여들어 두툼한 빈대떡 모양이 되었을 것이며,

④ 우주진은 년간 약 1400만톤의 속도로 지구에 떨어지고 있으며, 우주진 속의 니켈 함유량은 지구에 있는 물질 속에서 있는 것보다 훨씬 많습니다. 지구가 10억년 되었다면, 지구는 약 1.5m 이상의 우주진으로 뒤덮였을 것이며, 대양의 니켈 함량도 엄청나게 많아야 할 것입니다. 그러나 현재 지구나 달에 있는 운석의 양은 단지 몇 천년의 역사에 해당하는 양밖에 없습니다.

⑤ 태양의 둘레를 돌고 있는 혜성들은 여러가지 요인에 의해 회전할 때마다 일정량의 질량을 잃게 되며, 태양계 내에 새로 생성되는 혜성은 없

---

20) 한국 창조과학회편, 『진화는 과학적 사실인가?』, pp. 178~180.

는 것으로 알려졌습니다. 만약 태양계의 연대를 10억년으로 본다면 오늘날의 혜성들이 최초에는 태양의 수십배나 커서 오히려 혜성 주위를 태양이 돌아야 하는 모순이 생깁니다.

⑥ 포인팅-로벗슨(Poynting-Robertson) 효과에 의해 태양은 하루에 10만톤에 해당하는 운석을 빨아들이는 진공소제기의 역할을 하므로 오랜 역사를 가정한다면 태양 주위에는 작은 운석이 별로 없어야 할텐데 아직도 많음은 태양계가 젊다는 것을 암시합니다.

⑦ 수소는 우주 속에서 일정하게 헬륨으로 변하지만 다른 원소들로부터는 그렇게 많은 양이 생성되지 않습니다. 천문학자에 의하면 우주는 거의 수소로 구성되어 있다고 하는데 이는 곧 우주는 젊은 연대를 가지고 있음을 의미합니다.

⑧ 우라늄 236(U-236)과 토리움-230(Th-230) 동위원소들은 짧은 반감기를 가지고 있는데, 달에서 채취한 물질 속에는 아직도 이들 원소들이 많이 있음을 볼 때, 달의 연대가 얼마 안됨을 의미하는 것입니다.[21]

진화론자들은 진화에 필요한 시간 때문에 언제나 지구의 연대를 길게 주장해야만 합니다. 그러나 여러가지 과학적 사실을 볼 때 지구는 그렇게 오랜된 것이 아니라는 것입니다.

더구나 하나님께서 천지를 창조하실 때, 그 모든 만물 특히 생물들을 성숙한 상태로 창조하셨음을 생각해 본다면, 진화론자들의 주장은 우스운 것이 되고 맙니다.

즉, 하나님께서 약 20m되는 나무를 순간적으로 창조하셨다고 할 때 사람들은 그 나이테 등을 조사하여서 그것이 수십년 혹은 수백년 되었다고

---

21) Ibid., pp. 182~187.

계산할 것이며, 그 동안에 몇번의 산불과 홍수와 가뭄이 있었을 것이라고 추측할 것이며, 방금 창조한 성숙한 아담을 30년이상 오래 되었다고 말할 것입니다.

7. 결론

다윈은 그의 저작물 가운데서 "추측해도 좋을 것이다"라는 문구를 800회 이상이나 사용하였습니다.[22] 이는 곧 그의 학설이 하나의 가정이라는 것이며, 지금까지의 몇 가지 사실만을 보더라도 진화론이 결코 증명된 과학이 아니라, 하나의 비과학적 가설에 지나지 않는다는 것을 여실히 알 수 있습니다.

이와 같이 진화론은 비과학적이며 전혀 증명될 수 없는 것이지만, 사람들이 진화론을 인정하는 이유가 무엇일까요? 그것은 A. Keith 박사의 말대로 진화론을 인정하지 않으면 결국 창조론을 수락할 수밖에 없기 때문인 것입니다.[23]

즉 인간들은 하나님을 인정하기 싫어서 비과학적임에도 불구하고 진화론을 선택하고 있는 것입니다. 이러한 진화론의 열매는 결국 "힘은 곧 정의"라고 하는 잘못된 윤리관을 가져왔고, 적자 생존과 자연 도태를 빙자한 나찌와 일본의 군국주의를 가져왔고, 무신론 철학(공산주의)을 낳았습니다.[24]

진화론은 결론적으로 분석한다면 「사탄의 작품」이라고 하는 것이 제일 적합할 것입니다. 사탄은 원래가 「거짓말의 아버지, 요한복음 8:44)」가 아

22) 헨리 디이슨, 권혁봉역,『조직신학 강론』,5판 (서울:생명의 말씀사, 1982), p. 344.
23) 원용국, op. cit., p. 150.
24) 존 R. 호위트,『진화론 부정』(경북:평신도 신앙서적 간행회, 1979), pp. 100~104.

닙니까?[25]

　학교의 교과서들이 아직도 19세기의 해묵은 이론을 근거로 진화론을 가르치고 있는 것들은, 참으로 하나님에 대항코자 하는 인간의 교만과 무지로 인한 것이라고 확언할 수 있을 것입니다.

---

25)　윌리암 오어, 『현대 젊은 지성인들의 질문에 답하여』 (서울:생명의 말씀사, 1980), p. 155.

진화론의 모순 (크리스챤의 웃음)

생물 시간에 선생은 학생들에게 진화론을 강의했다.

"모든 동물은 다 진화를 해서 지금의 상태가 되었다."

한 학생이 물었다.

"선생님, 진화론은 결국 붕어가 물에 빠져 죽었다는 이야기와 같은 것 아닙니까?"

"붕어가 물에 빠져 죽다니?"

"옛날 진화론의 창시자 찰스 다윈이 어항에 붕어를 한 마리 키웠답니다. 붕어가 점점 커 가는데 물을 갈아 붓지 않고 그냥 두었더니 붕어는 자라서 물 밖으로 머리를 내밀어 공기로도 숨을 쉬고, 물로도 숨을 쉬다가 나중에는 물 없이 공기만 숨쉬며 살게 되었답니다. 다윈은 붕어를 고양이처럼 방에서 먹이만 주고 키우다가 강아지처럼 밖에 집을 짓고 넣어서 키웠답니다. 그랬더니 발이 두 개 나오고 손도 두개 나와 걸어다니게 되었지요. 하루는 다윈이 외출을 하면서 붕어를 데리고 나갔는데 강둑을 걷고 있었습니다. 마침 저쪽에서 개 한 마리가 사납게 나타나 붕어에게 달려들자 붕어는 강에 떨어졌습니다. 물에 떨어진 붕어는 숨이 막혀 그만 죽고 말았답니다."

"세상에 그런 법이 어디 있어?"

선생이 반박하자, 이 학생은 태연하게 말했다.

"진화론이 그런 법 아닙니까?"[26]

---

26) 심군식 편,『크리스챤의 웃음』(서울:소망사, 1981), pp. 105-106.

09

예수가 하나님의 아들이라는 것은
좀 허황되지 않습니까?

Q 저도 하나님이란 분이 존재한다고 믿고 있습니다. 그렇기 때문
에 우리 모든 인간은 하나님 앞에서 선하게 살아야 하는 것입
니다. 그러나 제가 이해할 수 없는 것은 기독교인들이 예수를 하나님으로
혹은 하나님의 아들로 믿는 것입니다.

물론 인간이 하나님의 자손이며, 예수도 그 중 하나로써 하나님의 아들
이라고 부른다면 이해가 되는 것이지만, 기독교인들의 견해는 그것이 아
니라 예수는 신이며 동시에 인간인 존재이며, 이 세상에 태어나기 전부터
신으로 존재했었는데, 그 신이 인간의 모습으로 이 땅에 오셨다는 것입니
다. 저도 예수님이 훌륭하신 분이라는 것과 그 분의 교훈이 훌륭하다는
것은 인정합니다만 그래도 역시 예수님은 하나의 인간이 아닐까요?

분명 그는 요셉과 마리아의 아들이었으니까요.

우리들은 예수를 쓸데없이 신격화시켜 허황된 교리를 만들 것이 아니
라 오히려 예수께서 말씀하시고, 가르치신 대로 우리도 그렇게 선하게 살

아가는 것이 곧 하나님께서 예수를 세상에 보내신 이유가 아니겠습니까?

어떻게 그렇게 예수를 신인 양성을 가진 하나님의 아들로 주장할 수 있는 것인지 그 이유를 알고 싶습니다.

A 형제의 질문은 다름과 같이 두 가지로 요약될 수 있을 것 같습니다. 즉, "예수는 단순한 인간이지 그가 무슨 하나님(신)이냐? 또한 구태여 신이어야 할 필요가 있느냐?"

이 질문은 지금까지의 그 어떠한 질문보다도 중요하고도 근본적인 질문인 것 같습니다.

"예수께서 도대체 신이냐, 인간이냐?"는 질문은 기독교의 기초돌에 대한 것이기 때문입니다.

즉, 만약 예수께서 하나님이 아니고, 우리와 같은 인간이라면 기독교는 더 이상 설 곳도, 설 수도 없기 때문입니다.

이 질문에 대하여 나는 분명하게 "예, 예수는 하나님의 아들이십니다" 라고 대답하겠습니다.

예수님의 신성(神性, Deity, 하나님이심)에 대해서 성경은 분명하게 여러가지로 증거하고 있습니다.

먼저 우리는 예수님에 대한 구약 성경의 예언을 찾아볼 수 있는데, 예수를 가리켜 기묘자, 모사, 전능하신 하나님, 영존하시는 하나님, 평강의 왕(이사야 9:6)이라고 하고 있고, 그의 근본은 상고에 태초에니라(미가서 5:2)고 말하고 있습니다.

뿐만 아니라, 예수님 자신이 주장하기를 자신이 태초부터 스스로 있다고 하셨고(요한복음 8:58, 요한복음 17:5, 24), 죄를 용서할 권세가 있고(마가복음 2:9~10), 어디에나 존재하며(마태복음 18:20), 무엇이나 아시며(마가복음 11:2~6), 전능하시며(마태복음 28:18), 기도에 응답하시는 분임을(요한복음 14:13~14), 주장하시면서, 자신이 곧 하나님의 아들이심과 하나님 자신임을 주장하셨고(요한복음 10:30~33), 자기를 본 자는 곧 하나님을 본 것이라고 하셨습니다(요한복음 14:8~9).

예수께서 자기 자신이 하나님이라고 주장했기 때문에 유대인들에게 돌로 맞을 뻔하였고(요한복음 10:32~33). 유대인들에 의해 십자가에 못 박혀서 죽임을 당했던 것입니다(마태복음 27:63~66).

예수께서 하신 일들을 보아도 우리는 그 분이 인간이 아니라 하나님(神)이심을 금방 알 수 있습니다.

예수께서는 귀신들을 쫓으셨고(마가복음 5:11~15), 질병을 고치시고(누가복음 4:38~41), 죽은 자를 살리시고(마태복음 9:25; 누가복음 7:14~15; 요한복음 11:43~44), 폭풍우를 잔잔케 하시고(마태복음 8:26, 27), 자연이 예수님께 복종하였습니다(요한복음 2:11; 마태복음 21:19).

그 어떤 인간이 이런 일들을 할 수 있겠습니까?

더구나 예수께서는 십자가에 죽은 지 사흘만에 죽음을 이기시고 다시 사셨습니다(마태복음 28:1~10). 하나님 외에 누가 죽음을 이길 수 있습니까?

그리하여 예수님을 만나 본 사람은 누구나 예수님이 하나님의 아들이심을 증언하였습니다.

제자였던 베드로도(마태복음 16:16), 예수님의 부활을 믿지 않았던 도마도(요한복음 20:25~28), 예수를 십자가에 못박았던 로마 군대의 백부장도(마태복음 27:54), 예수를 하나님의 아들이라고 증거하였던 것입니다.

예수님은 하나님의 본체의 형상이시며(히브리서 1:3; 골로새서 1:15), 하나님의 본체이시라는 사실을(빌립보서 2:6) 성경은 분명히 말하고 있습니다.

그러면 도대체 무엇 때문에 하나님의 아들이 인간의 모습으로 이땅에 오셨고, 어떻게 그것이 가능했는가 하는 문제에 대하여 말씀드려 보겠습니다.

모든 인간은 죄로 말미암아 영원히 멸망할 저주아래 있게 되었습니다. 하나님은 이 인간들을 구원하시고자 하셨습니다.

그래서 멸망(죽음)의 원인이 된 죄의 문제를 해결하시고자 그 아들 예수를 세상에 보내신 것입니다.

즉 죄의 값은 사망이므로(로마서 6:23), 누군가 죄를 지은 인간을 대신하여 죽임을 당해야(벌을 받아야) 인간들의 죄가 속죄되어 구원을 받을 것인데 천하의 모든 인간들은 모두 다 죄인인고로 그 누구도 다른 인간의 죄를 대신 담당할 인간이 없습니다.

오직 하나님(神)만이 죄가 없는 존재인고로, 하나님만이 인간 대신 속죄할 수 있는 유일한 분이었습니다. 그러나 죄를 지은 것은 인간이기 때문에 인간이 벌을 받아야 했습니다.

즉 속죄의 자격으로는 하나님이어야 하고, 속죄의 당사자는 인간이었기 때문에 결국 하나님(神)이며 동시에 인간인 존재이어야만 인간들의 죄를 대속할 수가 있는 것입니다.

따라서 하나님은 그 아들을 인간의 모습으로 세상에 보내셨는데, 그 분이 곧 예수 그리스도인 것입니다. 하나님께서는 예수님을 세상에 보내실 때, 마리아라는 처녀를 사용하셨습니다.

즉 처녀 마리아로 하여금 성령(Holy Spirit, 즉 하나님의 영)으로 말미암아 잉태하여 해산케 하셨던 것인데 이를 신학적으로는 성육신(Incarnation)이라 합니다.

당신이 말한대로, 만약 요셉과 마리아의 성 관계로 인해 예수가 태어났다면, 예수는 하나의 훌륭한 인간은 될찌언정 결코 하나님의 아들이 될 수 없는 것이며, 우리를 죄에서 구원할 구세주도 될 수 없는 것입니다.

예수님의 성육신에는 마리아로 충분하지만, 만약 그 때 당시에 마리아에게 요셉이라는 형식상의 남편(약혼자)이 없었다면, 마리아는 율법에 의해 돌에 맞아 죽었을 것입니다(간음죄로). 그렇기 때문에 하나님께서는 예수님을 잉태한 마리아를 보호하시려고 요셉이라는 청년을 사용하셔서 마리아의 잉태를 합법화하셨던 것입니다.

어떻게 처녀가 잉태할 수 있겠느냐고 묻지 마십시오. 왜냐하면 전능하신 하나님께서 하셨기 때문입니다. 당신은 하나님께서 못하실 일이 있다고 주장하시지는 않겠지요?

구약 성경은 예수께서 탄생하시기 수천년전부터 이 사실을 예언하였습니다(창세기 3:15, 이사야 7:14) 당신은 아마도 예수님을 존경할 만한 훌륭한 인물이며, 4대 성인중의 한 분이고, 위대한 사람이라고 생각하시나 봅니다만 예수께서는 우리에게 그런 선택의 여지를 주시지 않고 있습니다.

예수께서는 친히 자신이 하나님의 아들이며, 자기를 믿지 않고서는 천국에 갈 수도 없고(요한복음 14:6), 구원을 받을 수도 없다고 말씀하셨습니다.

만약에 이 말이 사실이 아니라고 가정할 때, 우리는 두 가지 결론을 얻을 수 있습니다.

예수는 사기꾼이거나, 미치광이라고… 즉, 그가 만약 자신이 하나님의 아들이 아니라는 사실을 알면서도 그렇게 말했다면 그는 사상 최대의 사기꾼이며(지금까지 그런 사기를 친 사람은 없습니다. 공자도 석가도 자기가 하나님의 아들이라거나, 자기를 믿어야 구원받는다고 하지는 않았습니다), 만약 그가 자기가 하나님의 아들인 줄로 착각하고 그런 말을 했다면, 그는 미치광이인 것입니다. 그러나 우리는 예수가 사기꾼도 미치광이도 아니라는 사실을 알고 있습니다.

이렇게 똑똑한 인간들이 사기꾼이나 미치광이를 2000년 동안이나 홀

룽한 분으로 존경하고, 그의 말씀인 성경책을 읽으며 그 언행을 본받고자 할 리가 없으니까요.

더구나 예수의 제자들의 태도를 보면 이 사실은 더욱 확실해 집니다.

그들은 모두 순교 당했는데, 심지어는 껍질 벗김을 당해서 죽기까지 했습니다.

그들이 예수의 부활을 전하면서 예수가 하나님의 아들이요, 구세주라고 전파하고 다녔기 때문이었습니다.

만약 예수께서 부활하지 않았는데 제자들이 거짓말로 지어낸 것이라면, 제자들은 자기들이 지어낸 거짓말을 고수하기 위해서 순교 당했다는 결론을 내려야 합니다. 그런데 그렇게 거짓말을 주장하며 순교해본들 무슨 이익이 있기에 그렇게 했겠습니까?

전혀 아무것도…

오직 그들은 실제로 부활하신 예수님을 만났고, 승천하실 때까지 40일간 같이 생활했던 것이며, 그렇기 때문에 죽으면서도 진실을 말할 수밖에 없었던 것이고, 기뻐하며 죽을 수 있었던 것입니다.

왜냐하면 예수는 정말 부활하셨고, 하나님의 아들이며 구세주이시기 때문입니다.

이렇게 볼 때, 우리는 그 분의 말씀이 사실이며 우리는 그 분을 하나님의 아들로, 구세주로 인정할 수밖에 없는 것입니다.

예수께서는 당신에게 이렇게 요구하고 있습니다. 나를 하나님의 아들로 믿던가, 아니면 사기꾼이나 미치광이로 취급하거나 하라고…

결코 훌륭한 선생이나, 도덕가나, 철학가로 선택할 여지를 우리에게 허용하고 있지 않는 것입니다. 그리고 또 예수가 하나님의 아들이 아니라면, 인간은 영원히 구원받을 길이 없는 것입니다.

예수는 참으로 하나님의 아들이시며, 우리를 죄에서 구원하신 구세주이십니다. 그러기에 인류 역사는 예수님의 탄생한 해를 기준으로 주전(主前: B.C.)과 주후(主後: A.D.)로 나눠져서 오늘 우리가 A.D. 1986년도에 살고 있는 것이며, 온 인류가 예수님의 부활하신 날을 기념하여 일요일마다 공휴일로 지키고 있고, 전 세계가 성탄절을 축하하는 것입니다. 만약 예수가 사기꾼이나 미치광이라면 온인류의 이와 같은 호들갑이 웬일일까요?

하나님께서 예수를 보내신 것은 당신이 예수를 믿고 영생(구원)을 얻게 하려함이지(요한복음 3:16; 20:31), 단순히 착하게 살게 하려 함이 아닙니다. 예수님은 지금도 살아 계시며, 당신의 결정을 지켜보고 계십니다. 과연 당신의 결정은 무엇입니까?

—Reference book (참고 도서)

예수의 유일성

또 한 사람의 예를 들면 유명한 장군이며 문학적인 천재였던 류 월레이스(Lew Wallace)이다. 그와 그의 친구 잉게르솔(Ingersoll)은 기독교의 신화를 영원히 도말해 버릴 책을 쓰자고 같이 약속하였다. 그들은, 예수를 믿고 예배하는 사람들이 그럴듯한 굴레 안에 갇혀 있는 것에 분개했다. Wallace는 유럽과 미국의 유명한 도서관에서 기독교를 파괴할 자료를 찾으면서 2년 동안을 연구하였다. 그는 그 책의 제2장을 쓰다가 무릎을 꿇고 예수님에게 〈나의 주, 나의 하나님〉하고 크게 울부짖었다. 그리스도의 신격(神格)이 어쩔 수 없이 확증되었던 것이다. 예수 그리스도가 하나님의 아들임을 그는 더 이상 부인할 수 없었다. 그가 사기꾼으로 폭로하려고 결심하였던 그분이 그를 사로잡고 말았던 것이다. 후에 Wallace는 지금까지 쓰여졌던 그리스도의 생애에 관한 가장 위대한 소설 중의 하나인 『벤허』를 썼다.[1]

---

1) 『열단계 성서교재』 (서울:한국대학생선교회출판부, 1977), pp. 10-11.

10

정말 천국과
지옥이 있다고 보십니까?

Q "예수 믿고 천당 가시오"하는 말은 기독교인들의 표어이며 또
한 인사인 듯합니다.

소위 전도하는 소리가 바로 그 말이니까요.

기독교인들에 따르면, 예수 믿는 사람은 천국(천당) 가고, 예수 믿지 않
는 사람은 지옥간다고 합니다.

그런 소리를 들을 때마다, 기독교인들은 왜 그렇게 문명에 뒤떨어진 소
리를 할까? 하고 궁금해집니다.

우리 사회에는 여러가지 단체들이 많지만 그 중에서도 종교 단체들이
가장 고상한 것은 사실입니다. 왜냐하면 종교는 인간의 가장 내면적인 정
신과 도덕의 문제를 다루고 있기 때문이죠.

하지만 천국과 지옥 이야기는 사람들에게 공포심을 주어 억지로 기독
교를 믿게 하려던 전근대적인 방법입니다.

그런 허황된 이야기 말고 다른 방법으로 사람들을 설득할 수 없을까

요. 설마, 목사님께서도 천국과 지옥이 정말 있다고 믿는 것은 아니겠지요? 그렇다면 천국과 지옥이 있다는 무슨 증거라도 있다는 말입니까?

만약 천국과 지옥이 정말 실재한다면, 기독교인들의 전도는 좀더 적극적이어야 하지 않을까요?

A 천국과 지옥이 정말로 있느냐구요?물론 정말 있고 말고요. 아니 천국이 없다면, 우리가 뭐하러 예수를 믿겠습니까?

착하게 살려고 예수 믿는다구요? 천만에요. 착하게 사는 것이라면, 예수를 믿지 않고도 가능합니다.

다른 종교를 믿거나, 아예 아무 종교를 믿지 않아도 될 것입니다. 그러나 천국에 가는 것은 예수를 믿지 않고서는 전혀 길이 없습니다. 그러므로 우리는 예수를 믿습니다.

당신은 "천국과 지옥이 있다는 증거라도 있느냐?" 혹은 "가 봤느냐?"고 묻고 싶겠죠.

그러나 천국은 꼭 가보지 않더라도 그 존재가 확실합니다. 왜냐하면, 지금까지 우리는 하나님이 존재하신다는 것과 성경은 틀림없는 하나님의 말씀이라는 사실들은 살펴보았기 때문입니다.

하나님은 계시고 성경이 하나님의 말씀인데, 그 성경은 천국과 지옥이 있어 예수를 믿는 자는 천국에 가고 믿지 않는 자는 지옥에 간다고 분명히 말하고 있는데, 더 이상의 분명한 증거가 있을 수 있습니까?

하나님과 성경의 증거 외에 사람들의 증거가 필요하시다면 몇 가지 참고될 사실들을 전해 드리지요.

불란서의 무신론 철학자 볼테르(Voltaire)는 하나님도 성경도 부인했지만 죽어갈 때, "나는 하나님과 사람에게 버림을 당하였구나! 의사여, 나를 6개월만 더 살게 해 주시요. 그리하면, 내 보물의 절반을 주겠소"라고 말했습니다.

그 때 의사는 "당신은 6주간도 못 살겠소"라고 말해 주었습니다.

그가 병중에서 죽음에 임박하자 극도로 고민하며 흉하게 떨어서 돌보던 의사가 정신을 못차렸다고 합니다. 그는 최후에 "나는 지옥에 가노라"고 스스로 말하고 죽었습니다.

프란시스 뉴톤(Francis Newton)이라는 무신론자는 임종시에 "나는 영원히 정죄 받았구나! 하나님이 나의 원수가 되었으니 누가 나를 구원하리요? 아! 지옥과 저주의 견딜 수 없는 고통을 내가 받았노라"고 말하며 절명하였습니다.

토마스 스코트경(Sir Thomas Scott)은 죽을 때에 말하기를 "나는 이 때까지 하나님도 없고 지옥도 없는 줄 알았노라! 그러나 지금은 그 둘이 다 있는 것을 느끼노라! 나는 전능자(하나님)의 공의로운 심판에 의하여 절망(지옥)으로 들어가는구나!"라고 하였습니다.
"마빈포드"라는 기독교인이 심장마비로 완전히 죽었는데 30분 후에 깨어났습니다.
그가 죽은 사실을 심장 전문의인 "해리 아이리겔" 박사가 선언했고, 그의 홈 닥터인 "제이 데이비드 루드포드"도 확인했으며, 캘리포니아 멜로디 교회의 랄프 윌커슨 목사도 인정했습니다.
그가 죽어서 천국에 갔다 온 사실은 1972년 1월의 일이었습니다.
그는 천국에서 예수님을 만나 보았고, 앞서 천국에간 많은 사람들과 대화하였으며, 아름다운 천국을 여기 저기 구경한 후, 다시 세상에 가서 보고들은 것을 간증하라는 명을 받고 살아났습니다.
그 이야기가 길기 때문에 전부 인용하기 곤란하여 간단한 사실만 소개하였습니다.
이 사건에 대하여 "해리 아리리겔" 박사는 이렇게 말했습니다.

"당신은 30분간 완전히 죽었었소. 심장의 박동이 그치고 맥이 뛰지 않았고. 그런데 당신이 살아나다니. 기적입니다. 뇌는 3, 4분간만 산소가 공급되지 않으면, 뇌세포가 파괴됩니다. 그래서 심장이 3~4분 멈추었다가 다시 뛰어도 그는 식물 인간이 되고 말아요. 당신은 임상학적으로 30분 동안 완전히 죽었다가 살아났으면서도 여기 둘러서 있는 사람들을 다 알아보는 것을 보니, 당신의 뇌세포는 하나도 손상되지 않은 것이 분명합니다. 지금쯤 시체실에 옮겨져 있을 당신이 살아나다니 이 모두가 기적입니다."

지금도 그는 전세계를 돌아다니며 증거하고 있습니다.[1]

우리 한국에도 이러한 체험을 가진 분들이 많이 있습니다. 그 중에서도 당신이 원하신다면 천국에 갔다 온 이 경순 목사님의 간증집을 구해 보실 수 있고, 지옥을 보고 온 김 선희 권사의 간증 테이프를 구해 들으실 수도 있습니다. (둘다 기독교 서점에서 구입하실 수 있습니다.)

천국이 없다면, 김 대두씨, 그리고 박 철웅씨 등이 그렇게도 기뻐하며 사형을 당한 이유를 어떻게 설명하실 수가 있으며, 도끼로 일가족을 살해했던 고 재봉씨가 교도소 재소자 2000명중 1800명에게 전도하고, 사형장에 가서 찬송가 337(인애하신 구세주여)장을 부르며, 행복하게 죽어간 사실을 무엇으로 설명할 수가 있겠습니까?

천국은 그 사실에 대한 확실한 답입니다. 그들은 교도소에서 예수를 믿고, 새 사람되어서, 천국에 갔기 때문에 그렇게 기쁘게 죽었던 것입니다.

---

1) 박금출, 『실화사전 제5집』 (복음진리사, 1982), pp. 367~374.

어느 극장에 코메디(Comedy)를 구경하러 많은 사람이 모였는데 그만 화재가 났습니다.

그때 코메디언(comedian)이 나와서 침착하게 알리기를, "여러분, 이 극장에서 지금 화재가 발생했으니 빨리 질서 있게 나가 주십시요"라고 말하자 청중들은 박수를 치면서 참 잘 웃긴다고 즐거워했습니다. 그러자 코메디안이 다시 나와서 정말이라고 심각하게 말했지만, 여전히 잘 웃긴다며 웃고 있다가 많은 사람이 타 죽고 말았다고 합니다.

그 일이 지금도 도처에서 일어나고 있습니다.

기독교인들이 아무리 예수 믿지 않으면 지옥 불에 들어간다고 해도 사람들이 여전히 농담으로 여기고 웃고만 있다가 모두들 지옥으로 가고 있습니다.

그 중의 하나가 바로 당신이 아닌지 모르겠군요.

한가지 답변을 잊을 뻔했군요.

기독교인들이 적극적으로 전도를 하지 않는다기 보다도 오히려 사람들의 마음이 강퍅해서 받아들이지 않는다는 말이 더 정확하지 않을까요?(때로 전도에 소극적인 교인들이 있는 것은 사실이지만…) 그러나 좀 더 적극적으로 전도해야지 않겠느냐는 질문은 아주 좋은 충고로 받아들이고 싶습니다.

사람들은 지옥이 없었으면 하는 바램에서 지옥이 없다고 우겨 봅니다. 왜냐하면 지옥이 있다면 자기들이 지옥에 갈 수밖에 없는 죄인이라는 사실을 너무나 잘 알고 있기 때문이죠. 그러나 실상 있는 지옥을 없다고 우겨 본들 무슨 소용이 있습니까?

믿고 회개하여 천국 가는 것이 훨씬 현명한 선택이지요. 솔직히 말해서 믿지 않는 사람들보다는 저희 기독교인들이 훨씬 현명하다고 생각해 보기도 합니다.

왜냐하면 확률로 봐서 기독교인들의 선택이 훨씬 현명하니까요. 즉 확률로 보면 천국과 지옥이 있을 가능성과 없을 가능성은 각각 반반(50%)입니다.

만약 천국과 지옥이 없다면 믿는 사람이나 안 믿는 사람이나 마찬가지가 될 것이고, 만약 천국과 지옥이 정말 있다면, 그 결과는 엄청나게 차이가 날 것이기 때문입니다. 결국 기독교인들이 훨씬 과학적인 현명한 선택을 한 셈이며, 믿지 않는 사람들은 똑똑한 체하지만, 결국은 미련한 셈이죠. (우리가 그런 계산에 의해서 예수를 믿었다는 말이 아니라, 당신들의 그 인간적인 계산대로 한다 해도 우리의 선택이 훨씬 현명하다는 말입니다.)

한 나라의 구성 요소는 "국민", "주권", "영토"입니다. 천국(하나님 나라)의 국민들은 구원받은 하나님의 자녀들, 즉 그리스도인들이고, 천국의 주권은 하나님께 있습니다. 즉 천국은 하나님께서 다스리시는 나라입니다.

이미 하나님의 통치는 시작된 지 오래입니다. 귀신들이 쫓겨나고, 질병이 추방되고, 세계 각지에 복음이 전파되고 있습니다. 그리고 세계 도처에 천국 시민인 그리스도인들과 교회가 산재해 있습니다.

그런 의미에서 천국은 이미 왔고, 또 오고 있는 것입니다.

그러나 아직 "영토적(장소적)" 의미에서의 천국은 오지 않았고 앞으로 올 것입니다.

세상이 종말을 향해 치닫는 것과 천국이 가까워 오고 있음을 당신은 느끼지 못하십니까?

속히 회개하십시요. 그리고 당신도 천국의 시민이 되십시요.

이때부터 예수께서 비로소 전파하여 가라사대 회개하라 천국이 가까왔느니라 하시더라(마태복음 4:17)

두루미와 우렁이 (천국·지옥·심판론 예화 강해)

호숫가에서 우렁이를 잡아먹고 사는 두루미에 관한 우화가 있습니다. 훌륭하고 하얀 깃털을 가진 백조 한 마리가 날아와 앉았습니다. 두루미는 백조에게 "어디서 왔니?" 라고 묻자 "천국에서 왔지!" 라고 대답했습니다.

"여기서 먼 곳이니?"

"그럼"

"여기보다 훨씬 더 좋은 곳이니?"

"훨씬 좋고 말고"

그때 백조는 천국의 아름다움이나 호수와 강, 황금거리, 꽃들, 날씨에 대하여 자세히 설명해 주었습니다. 두루미가 다시 물었습니다.

"그곳에도 우렁이가 있니?"

"그런 건 없어. 그런 지저분한 것들은 천국에 들어올 수가 없단다."

"그런 천국에는 너나 가봐. 난 필요 없어. 난 우렁이만 있으면 그만이야"

사람들에게 진리를 말해 주면 두루미와 똑같은 말을 합니다. 그들은 세상의 일들만 붙들려고 합니다. 그들은 세상의 하찮은 일과 천국을 맞바꾸려고 합니다.[2]

---

2) W. 헛셸 포드,『천국·지옥·심판론 예화 강해』, 이상길 역 (서울:크리스챤비젼 하우스, 1980), p. 21.

11

예수를 믿으면
정말 병이 치료됩니까?

Q 가족들이나 주변에 질병으로 고생하는 사람들을 보면, 기독교
인들은 으레껏 한마디씩 하는데, 예수 믿으면 병이 낫는다고…
병든 사람은 지푸라기라도 잡으려는 심정이기 때문에 결국 교회나 기
도원으로 몰려가고, 개중에는 치료가 된 사람도 있는 모양입니다만, 그것
은 어디까지나 심리적인 현상이라고 생각합니다.

육체의 질병이란 종종 마음에서부터 오기 때문에 그런 곳에 가서 안정
을 하면 낫게 되는 경우도 있게 되는 것이지요.

그런 일은 교회나 기도원뿐 아니라, 절에서도 일어날 수 있는 일입니
다. 그럼에도 불구하고, 기독교인들은 예수를 믿으면 무조건 모든 병이
다 낫는 것처럼 말하고 있으며, 또 많은 사람이 병고치려고 교회를 나가
고 있습니다.

이런 것은 일종의 미신이 아닌가 하는 생각이 듭니다. 병은 의사에 의
해 진단되고 고쳐져야 하는 것이지 교회의 할 일이 아니라고 생각합니다.

목사님께 여쭙고 싶습니다.

"예수 믿으면 병 낫는다"는 말이 과연 성경에 그 근거가 있는 말입니까? 그리고 그것이 사실입니까?

만약, 그것이 사실이라면 병원은 있을 필요가 없지 않겠습니까? 확실히 설명을 부탁드립니다.

A 아주 좋은 질문을 해주셨습니다. 대부분의 사람들은 교회에서 일어나고 있는 치료의 기적(신유)을 심리 치료의 하나로 생각하는 모양입니다. 물론 우리도 심리 치료나 타 종교에서의 치료를 부인하지는 않습니다.

소위 굿(푸닥거리)에 의한 치료의 가능성도 인정합니다. 그러나 그런 종류의 치병현상들은 기독교의 신유(하나님의 치료)와는 전혀 다른 것입니다.

전자는 귀신을 잘 대접하고 달래서 나가게 하는 것인 반면 기독교는 예수 그리스도의 구속을 근거로 해서 예수님의 이름으로 귀신(병)을 내쫓는 것이기 때문입니다. 당신은 이 병고치는 일이 성경적 근거가 있는 것이냐고 질문하셨습니다만 이는 곧 당신이 성경을 별로 안 읽었다는 것을 증명하는 말입니다.

왜냐하면, 신구약 성경에는 하나님(예수님)에 의한 질병 치료의 기사가 너무나 많이 기록되어 있기 때문입니다. 이제 이 문제에 대하여 궁금해하시는 분들을 위해 간단히 설명하고자 합니다.

맨 처음 인류의 조상인 아담이 하나님의 명령을 어기고 선악과를 따먹어 범죄함으로 타락한 결과 인간들은 여러 가지 죄의 저주 아래 놓이게 되었습니다.

예를 들면 가난, 불안, 부패한 인성, 질병과 죽음 등입니다. 하나님은 이러한 죄의 저주에서 인간을 구원하시기 위해 구세주 예수를 보내셨습니다.

예수님은 오셔서 그 모든 저주를 십자가에서 대신 담당하심으로써 자기를 믿든 자들을 그 모든 저주에서 해방하셨습니다. 즉 평생을 극히 가난하게 되심으로 우리의 가난을 대신 담당하시고(고린도후서 8:9), 십자가에서 우리의 죄를 대신 담당하셨습니다(베드로전서 2:24).

이 사실은 이미 구약(이사야 53:5)에서 예언된 것이었습니다. 예수께서는 모진 채찍의 고통을 감당하셨는데(마태복음 27:26, 누가복음 23:16, 요한복음 19:1), 사전에 의하면 채찍(μάστιξ)이라는 말은 상징적으로는 고통과 괴로움을 의미하고 있습니다.[1]

즉 예수께서 채찍에 맞으신 그 육체의 고통은 사람이 육신의 질병으로 인해 겪는 아픔과 고통을 대신 담당하신 것이었습니다.

즉 질병은 죄로 인한 저주인데, 예수께서는 그 죄를 십자가에서 대신 담당하셨고, 질병의 고통도 대신 담당하셨다는 말입니다.[2]

그러므로 이제 예수 그리스도를 믿는 사람들은 예수님을 믿으므로 죄에서 해방되었으므로 더 이상 질병에 매여 있을 필요가 없는 것입니다.

예수님의 이름으로 기도할 때 질병은 물러가는 것입니다(사도행전 4:29~30).

그러기에 예수께서는 굳게 약속하기를 "믿는 자들에게는 이런 표적이 따르리니, 곧 저희가 내 이름으로 귀신을 쫓아내며 새 방언을 말하며…병든 사람에게 손을 얹은즉 나으리라(마가복음 16:17~18)"고 하셨던 것입니다. 우리는 보통 질병은 바이러스 균에 의해서 전염되고 또 확장된다고 알고 있습니다.

그러나 성경적으로 볼 때 그 바이러스 균에게 생명력을 주고 있는 것은 마귀(귀신)입니다.[3]

---

1) W. F. Arndt and F. W. Gingrich, A Greek-English Lexicon of the New Testament and Other Early Christian Literature (The University of Chicago Press, 1967), p. 496.
2) 이성주, 『사중복음』(서울:성청사, 1984), pp. 151~152.
3) 조용기, 『병을 짊어지신 예수님』(서울:기독교 대한 하나님의 성회, 1973), pp. 59~62.

모든 질병에는 귀신이 도사리고 있습니다. 질병은 언제나 마귀 사탄이 주는 것이지 결코 하나님이 주시는 것은 아닙니다.

욥의 경우에도, 그리고 바울의 경우에도, 그 육체에 질병을 가져다 준 것은 사탄이었습니다(욥기 2:7, 고린도후서 12:7).

예수께서도 병을 고쳐 주실 때 귀신을 쫓으므로 그 질병이 낫게 하셨습니다(누가복음 13:11~12, 마태복음 9:32~33, 12:22, 마가복음 9:25~29).[4]

이와 같이 마귀의 세력(귀신들)이 인간에게 병을 갖다 줄 수 있는 근거는 우리 인간이 죄의 종이요. 마귀의 종이라는 사실입니다. (아담의 타락으로 인해서) 그런데, 이제 예수 그리스도께서 십자가에서 우리의 모든 죄악을 담당하셨기 때문에(베드로 전서 2:24), 누구든지 예수 그리스도를 믿는 자는 죄에서 해방되고(로마서 6:17~18; 8:1~2) 의롭다함을 얻게 됩니다(갈라디아서 2:16). 그렇기 때문에 이제 마귀는 더 이상 우리를 괴롭힐 수 있는 권세(근거)가 없는 것입니다.

따라서 우리가 예수 그리스도의 이름으로 마귀를 대적할 때 마귀는 물러가는 것이며(야고보서 4:7), 병에서도 치료되는 것입니다.

성경은 예수께서 채찍에 맞으시므로 우리는 이미 병에서 치료되었다고 선언하고 있는 것입니다(이사야 53:5; 벧전 2:24). 원래 신유란 단어는 성경에는 나오지 않습니다. 한국 교회의 경우에는 성결 교회에서 이 말을 맨 처음 쓰기 시작하였습니다.[5]

"신유"란 "하나님의 치료"를 의미하는 말로써 성경에는 병고치는 은사로 나타나고 있습니다(고린도전서 12:9).

---

4) 이성주, op. cit., pp. 167~169.
5) Ibid., p. 125.

신구약 성경에서 하나님의 치료는 아주 많이 나타나고 있으며, 특별히 자신의 영광과 복음 전도를 위하여 신유의 기적을 행하셨음을 알 수 있습니다.

어떤 기독교인들은, 그런 기적은 사라졌다고 주장하기도 합니다만, 그것은 자신이 아직 그런 체험을 하지 못했기 때문입니다.[6]

비록 자기에게 그런 신유의 경험이 없다고 하더라도 성경이 명백히 말하고 있는 것을 부인하는 것은 또 하나의 하나님에 대한 모욕이며 대적이 아니겠습니까?

누가 뭐라고 해도 하나님의 말씀인 성경은 신유를 강하게 역설하고 있고, 지금도 성경대로 도처에서 신유의 기적은 일어나고 있습니다.

누구나 잘 알고 있는 축구선수 차범근씨나, 가수 서수남씨도, 바로 그런 기적을 체험한 사람들이며, 그런 일은 교회에서는 흔히 있는 일들입니다.

당신은 "오산리 순복음 금식 기도원"이나, "한얼산 기도원" "할렐루야 수양관" 등 기도원에 가시거나, 가까운 교회에서 열리는 부흥회에 가보시면 아마도 당신의 눈으로 하나님의 치료의 역사를 확인하실 수도 있습니다.

언젠가 KBS-TV의 추적 60분에 방영된 "할렐루야 수양관"에서의 치료 광경 같은 것은 머리 속에서 기억하지 마십시요. 왜냐하면 그것은 지극히 불신앙적인 편견을 가진 사람들에 의해서 의도적으로 제작된 것이지 공정한 보도가 아니었기 때문입니다.

그것보다는 여러 월간 잡지에서 취재 보도한 것이 훨씬 공정하고 정확했다는 것을 말씀드리고 싶습니다. 그러나 모든 병이 다 치료되는 것은 아닙니다. 당사자나 가족의 믿음에 따라서 혹은 하나님의 뜻에 따라서 치

---

6) Ibid., p. 174.

료되지 않는 경우도 있습니다.[7] 또 반드시 질병에서 치료해 주시는 것만이 신유라고 할 수는 없습니다.

질병에 걸리지 않도록 보호해 주시는 것은 더 큰 신유의 은혜입니다. 지금과 같이 오염된 환경 속에서 질병에 오염되지 않는다는 것은 또 하나의 큰 은혜임에 틀림없습니다.[8] 또 의학이나 의약품이 신유와 반대되는 것은 아닙니다. 하나님께서는 특별하신 때는 기적적으로 치료하시나 보통 때는 자연법에 의해서 섭리하시기 때문입니다.

따라서 필요한 때는 의사나 약사의 도움을 받은 것이 불신앙이랄 수는 없는 것입니다. 그러나 신자가 병이 발생했을 때 먼저 의사나 약을 찾는 것보다는 먼저 하나님께 기도하는 자세가 더 바람직한 것도 사실입니다. 왜냐하면 아무리 의약품이나 의술이 훌륭해도 하나님께서 함께 하시지 않으면 치료될 수 없기 때문입니다.[9]

지금 마귀는 인간들에게 질병을 주어서 괴롭히려고, 우는 사자같이 노리고 있습니다(베드로전서 5:8~9).

우리가 죄를 짓던지 건강 관리를 소홀히 하던지 하나님께서 보호하시고 계신 손을 거두신다면 귀신들은 즉각 병균을 가지고 우리 몸에 침투할 것입니다.[10] 그러므로 우리는 언제나 하나님이 기뻐하시는 거룩하고 경건한 삶, 건전한 삶, 하나님의 말씀과 성령으로 충만한 삶을 누리도록 하여서 마귀가 틈탈 여유를 주지 말아야 할 것이며 질병에 걸렸을 때는 먼저 하나님께 기도할 것이며(죄가 있으면 회개하고), 경우에 따라서는 의

---

7) Ibid., pp. 164~167.
8) Ibid., pp. 126~127.
9) Ibid., pp. 170~173.
10) Ibid., pp. 152~154.

사나 약사의 도움도 받을 수 있습니다.

같은 병이라도 신자에 따라서 기도로 고치기도 하고 의술로 고치기도 합니다. 이는 각자의 믿음의 분량대로 이루어지는 것이므로 어느 한 편을 비방하거나 시기하는 것은 하나님의 뜻이 아닐 것입니다. 그러나 분명한 것은 신유는 성경적이며, 지금도 있다는 사실입니다.

이것은 절대로 단순한 심리 치료나 귀신에 의한 것이 아니라, 거룩하고 자비로우신 아버지 하나님께서 사랑하는 자녀들에게 베푸시는 사랑의 선물인 것입니다.

신앙의 목적이 곧 신유는 아니지만, 신유는 구원 얻은 자녀에게 덤으로 주시는 선물 중의 하나인 것입니다.

한정된 지면이므로 병고치는 은사에 대하여 자세하게 언급하지 못하였습니다. 더 자세히 아시기를 원하시는 분들은 성결교 신학대학 학장이신 이성주 박사의 "사중복음"이나 조용기 목사님의 "병을 짊어지신 예수님", "오중복음"을 참고하시기 바랍니다.

─Reference book (참고 도서)

아들의 치유 (높은 곳에 사는 자여)

수술로써 일이 모두 해결된 것은 아니었다. 이물질에 대한 거부 반응을 제어하기 위해 아들에게 투여되는 약이 간을 해쳐서 처음에는 황달이 오더니 나중에는 심한 혹달로 변해 버렸다. 담당 의사도 어찌해야 할 지 모르겠다며 오히려 내게 고민을 털어놓았다. 약을 안 쓰면 거부 반응을 일으킬 테고 약을 쓰면 간을 심하게 해치니 약을 쓸 수도 끊을 수도 없다는 것이었다.

인간이란 궁극적으로 불완전하고 부족한 존재라는 것을 알고는 있었지만 이때처럼 절감한 적은 없었다. 나는 극도의 고통에 시달렸다. 그리고 누군가에게 매달려야 했다. 우리에게 생명을 주고 또 가져갈 수 있는 존재에게. 나는 열심히 노력했지만 아내와 같이 확신과 기쁨 속에서 하나님을 만나지를 못했다. 따라서 나는 갈급하고 괴로울 수밖에 없었다.

수술 후유증으로 아들이 악화일로를 걷고 있던 어느 날, 우리가 출석하던 뉴욕 교회에서 기도 제목이 있으니 와서 함께 기도해 달라는 전갈이 왔다. 아내는 별 주저 없이 갈 것을 결정했는데 나는 '아들이 이 지경인데… 어디를 가겠는가'하는 생각이었다. 아내는 이곳 권사님이 아들을 돌보아 주기로 했으니 모든 것을 하나님께 맡기고 함께 가자고 권유했다.

나는 결단을 내렸다. '그래, 하나님께 기도로 매달려 보자. 모든 것을 맡겨 보자.' 우리는 워싱톤에서 뉴욕으로 날아가 교회를 위해 철야 기도를 드리고 돌아왔다. 그런데 이게 웬일인가? 하나님의 기적이 우리를 기다리고 있었다. 아들의 혹달이 눈에 띠게 벗겨져 있고 사흘 후에는 완전히 벗겨져 버렸다. 간이 깨끗이 고침 받은 것이다. 나는 하나님이 살아 계셔서 역사 하심을 분명히 확인했고 하나님께 깊은 감사를 드렸다. 그리고 진실로 거듭난 성도가 되기 위해 더욱 열심히 신앙생활을 했다.[11]

— 정근모(과학기술처 장관)—

---

11) 신앙계 편, 『높은 곳에 사는 자여』 (서울:국민일보 출판국, 1987), pp. 9~10.

12

"예수 믿고 복 받으라"는 말은
일종의 미신이 아닐까요?

Q 저는 때때로 같은 기독교인들에 대해서 못마땅한 생각이 들 때가 있습니다.

지나치게 바리새인적인 외식을 하는 사람들이나 가장된 겸손, 철면피한 비양심적 행동 등…

그 중에서도 특히 여자 신자들 중 어떤 이들이 전도하면서 "예수 믿고 복 받으라"고 말할 때에는 어떤 혐오감 마저도 갖게 됩니다.

과연 복받으려고 예수를 믿는 것일까? 하는 생각과 함께 뭔가 잘못되었다는 생각이 듭니다.

예수를 믿는다는 것은 곧 예수를 본받는다는 것과도 같은 말인데, 예수께서는 우리를 위해 자기를 희생하셨는데 기독교인들은 어찌해서 안일하게 복받아 잘 살아볼까 하는 생각만 하고 있는지…

진정 예수를 믿는다면 예수처럼 이웃을 위해 자기를 희생하며 사회를 개혁하기 위해 어떠한 고난도 감수해야 할터인데, 기독교인들의 모습에서는 그런 패기도 사랑도 없고, 오직 어떻게든 편하게 잘 살아 보려는 나약한 인간성들만 보이는 것 같습니다.

이런 현상은 어쩌면 한국 교회가 샤마니즘의 기복 신앙에 영향을 받은 것이 아닌가 하는 생각이 듭니다.

사람이 잘 살게 되는 것은 그 만큼 성실하게 노력하고 땀흘려 일하므로 되는 것이지, 하나님께 복 달라고 빈다고 해서 되는 것이 아니라고 생각합니다.

그런데도 불구하고 대부분의 기독교인들은 예수를 믿어야 복을 받는다고 생각하고 있는 것 같습니다.

그렇다면 기독교인들은 다 잘 살고, 안 믿는 사람들은 못 살아야 하지 않겠습니까?

그러나 실제로는 안 믿는 사람 중에 재벌이나 잘 사는 사람들이 많고, 믿는 사람들은 별로 잘 사는 사람들이 많지 못한 것 같습니다.

목사님께서는 이 문제에 대하여 어떻게 생각하십니까?

그런 것이 성경적입니까? 아니면 미신적 기복 신앙입니까?

A 상당히 뼈 있는 질문이군요. 그리고 말씀하신 내용 중에는 참으로 따끔한 맛이 나는 대목도 있고요.

지적하신 바와 같이 요즈음의 기독교인들 중에서 많은 사람들이, 안일하게 세상에서 잘 먹고 잘 살아보자는 사고방식을 가지고 있는 것이 사실이며, 희생과 봉사로써 주의 길을 가고자 하는 그리스도인이 적다는 것도 사실입니다.

그런 점들은 개선되어져야 할 문제이며, 또한 더 나아가서 어떠한 어려움에도 불구하고 세상을 변화시킬 수 있도록 빛과 소금의 직분을 잘 감당해야 할 과제가 현재의 한국 교회에 주어져 있다고 봅니다.

그러나 하나님께 복을 구하는 것이나 예수를 믿으면 복을 받는다는 것을 미신으로 몰아 세운 형제의 판단은 성경적이라고 볼 수 없는 것 같습니다.

왜냐하면 신구약 성경에 흐르는 정신은 분명, 은혜와 축복은 하나님께로 부터 오는 것이기 때문입니다.

아시고 계시겠지만 하나님의 이름에는 여러 가지가 있습니다.

그 이름은 대단히 중요합니다.

왜냐하면 구약성경(히브리 민족)에 있어서의 이름은 곧 그 인물이나 지명과 동일시될 수 있기 때문입니다.

우리나라에서는 이름이 "김 영웅" 또는 "김 의인"이라고 해도 그 사람이 곧 "영웅"이거나 "의인"은 아닐 경우가 더 많습니다.

그러나 구약의 이름들을 보면 반드시 일치되는 것을 볼 수 있습니다.

즉 야곱은 쌍둥이형의 발꿈치를 잡고 태어났습니다. "야곱" 이란 말은 "발꿈치를 잡았다"는 뜻입니다. 또 하나님께서 흙으로 사람을 만드시고 그 이름을 아담이라 했는데, 아담이라는 말은 인간(사람)이라는 뜻입니다. 이 말은 "아다마(마른 흙)"라는 말에서 왔습니다. 그래서 사람(아담)은 흙에서 와서 흙으로 돌아가는 존재라는 의미가 있습니다.

이와 같이 구약성경의 히브리 이름은 그 인물과 일치가 되고 있는데, 하나님의 이름 중에는 "엘 샤다이"라는 이름이 있습니다(출애굽기 6:3).

이 이름은 "전능하신 하나님"을 뜻하는데, 공포의 대상으로서가 아니라 "축복과 위로의 근원이 되시는 하나님"을 의미하고 있습니다.[1]

즉 인간들에게 복을 주시는 분은 오직 하나님뿐이시라는 것입니다.

따라서 우리 인간들은 생사 화복을 주장하시는 하나님 아버지를 믿고 순종하므로 영생을 얻고 복된 삶을 누려야 합니다.

하나님께서 많은 사람들 가운데서 우리를 부르시고 예수 믿게 하신 것은 우리에게 복을 주시려 함이지 결코 우리를 괴롭게 하거나 고달픈 인생을 살게 하려 하심이 아닙니다.

이는 마치 하나님께서 믿음의 조상인 아브라함을 부르신 것이 복을 주시려 함이었던 것과 마찬가지입니다(창세기 12:1~3).

그러므로 믿는 자는 아브라함과 함께 복을 받는다고 성경은 말하고 있습니다(갈라디아서 3:9).

그러므로 그리스도인들이 하나님께 복을 비는 것이 조금도 잘못된 점이 없고, 오히려 하나님을 대접해 드리는 것이므로 (하나님을 복의 근원으로) 하나님을 기쁘시게 하는 것이라고 볼 수도 있습니다.

그런데 문제는 현재 기독교인들이 하늘의 신령한 복(에베소서 1:3)을 도외시하고 세상적이고 물질적인 복만을 구하는데 있습니다.

즉 하나님께서 주시는 복에는 위로 하늘의 복과 아래로 땅의 복이 있는

---

1) 루이스 뻘콥, 『뻘콥조직신학(제2권, 신론)』, 고영민 역 (서울:기독교문사, 1980), p. 74.

데(창세기 49:25)(우리는 흔히 이것을 영적인 복과 육적인 복이라고 말합니다.), 그리스도인들이 너무 이 세상적인 물질적 소유욕에만 집착하여서, 하나님과의 영적 교제와 성령의 충만함과 영적, 인격적 성숙과 같은 것은 전혀 관심 밖에 두고 오직 "어떻게 하면 사업이 잘되고 자녀들이 잘되고, 병이나 고칠까?"하는 육적인 안락만 찾고 있는 현상이 문제라는 말입니다.

그러나 "예수 믿고 복 받으라" 전도하는 것이 조금도 잘못된 것은 아닙니다.

왜냐하면 실제로 예수를 믿어 하나님의 자녀가 되면 하나님께서 복을 주시니까요.

하나님께서는 예수 믿는 사람들(즉, 그리스도인)을 천국의 시민으로 삼아주서서 영원한 생명과 복락을 주시고, 이 세상에서 사는 동안에는 단 한순간도 버리지 않고 책임져 주시고, 매사에 같이 해주서서 형통하고 성공하게 해주십니다.

당신은 말하기를 성실하게 노력하면 잘 살게 되는 것이라고 하셨지만, 그것은 어디까지나 일반적인 이야기이지 진리는 아닙니다.

성실하게 노력하기만 하면 모든 사람이 다 잘 살던가요?

아무리 노력해도 안되는 사람은 없던가요?

그게 아닙니다. 무슨 일이든지 하나님께서 함께 해 주셔야 하는 것입니다.

믿지 않는 사람이 믿는 사람보다 더 잘 사는 사람이 많다고 하셨지요?

당신은 미국의 백화점 왕 "워너 메이커"나 철강 왕 "카네기", 대재벌 "록펠러"같은 사람들의 성공 비결이 하나님의 축복이었음을 모르셨나요?

그리고 한국의 수많은 크리스챤 재벌들은 눈에 안보이시나요?

설사 믿지 않는 사람들이 비교적 더 잘 산다고 합시다. 또한 그것만이 복인가요?

더구나 이 세상에서 그 부를 지키려고 안달복달하다가 죽어서 지옥 가면 그만인데, 얼마나 허무한 인생입니까?

빈부귀천을 막론하고 예수 믿는 사람들은 행복을 느끼며 살고 있습니다.

그리고 장래(천국)가 보장되고 있습니다.

이것이 복이 아니고 무엇입니까?

이 세상에서 사는 동안은 하나님께서 항상 보호하시고 인도하시며, 마음에 기쁨과 평안을 주시고, 오는 세상에서는 천국으로 인도하시어 영원한 복락을 누리게 해주십니다.

이것이 예수 믿는 사람들에게 보장된 사실입니다.

당신은 그런 보장을 받고 계십니까?

질문하신 내용 중에는 꽤 수준 높은 이야기들도 있더군요.

"이웃을 위해, 자기를 희생하며, 세상을 변화시키기 위해 고난도 감수하고, 예수를 본받는 것… 등등" 말입니다.

그러나 그것은 문제의 핵심을 찌르지 못한 말들입니다.

왜냐하면, 예수 믿으면 복 받는다는 말과, 예수 믿는 사람이 그렇게 살아야 한다는 것과는 별개의 문제이기 때문입니다.

당신의 질문이 시도한 것은 기독교인의 윤리적 결점을 책잡아서 (기독교인들이 희생과 봉사가 부족하다고) 하나님의 존재와 본질을 부인하려는 (복의 근원되시는 하나님의 존재를 부인) 것이었습니다.

뒤집어서 말한다면, 당신은 마치 신앙의 목적이 하나님을 믿고 섬기므로 영육간의 복을 받는 것에 있지 않고, 남을 도우며, 의롭고, 착하게 사는데 있는 것 같이 말했다는 것입니다.

그것은 일반적으로 사람들이 생각하는 기독교이지, 성경이 말하고, 우리가 믿는 기독교는 아닙니다.

이 문제에 대해 참고가 될 성경구절을 소개해 드릴테니 꼭 읽어보시기 바랍니다.

믿음이 없이는 기쁘시게 못하나니 하나님께 나아가는 자는 반드시 그가 계신 것과 또한 그가 자기를 찾는 자들에게 상 주시는 이심을 믿어야 할찌니라(히브리서 11:6)

여호와께서 집을 세우지 아니하시면 세우는 자의 수고가 헛되며 여호와께서 성을 지키지 아니하시면 파숫군의 경성함이 허사로다 너희가 일찍이 일어나고 늦게 누우며 수고의 떡을 먹음이 헛되도다 그러므로 여호와께서 그 사랑하시는 자에게는 잠을 주시는도다(시편 127:1~2)

이삭이 그 땅에서 농사하여 그 해에 백 배나 얻었고 여호와께서 복을 주시므로 그 사람이 창대하고 왕성하여 마침내 거부가 되어…(창세기 26:12~13)

여호와께서 복을 주시므로 사람으로 부하게 하시고 근심을 겸하여 주지 아니하시느니라(잠언 10:22)

불황 속의 기업 성장 (믿음은 바라는 것들의 실상)

1981년은 중소기업에겐 잔인한 해였다. 오일 쇼크를 비롯한 모든 불리한 환경을 견디지 못하고 32개나 되는 도자기 업체가 문을 닫아야만 했다. 하물며 아무 경험도 없이 시작한 우리 「동양 도자기」는 두말한 나위가 없었다. 처절한 노력과 기도 생활에도 불구하고 회사는 점점 어려운 상황으로 치닫고 있었다.

"여보, 이제야말로 한계 상황에 도달했소. 하나님도 어찌할 수가 없는가 보오."

남편의 체념 섞인 투정을 들으면서 나는 한달만 더 견뎌보자고 간곡히 부탁을 했다. 그리고 과감하게 내가 경영의 일선에 나섰다.

"남아 있는 물건을 전부 직접 다니며 판매를 하세요. 어차피 대기업과는 경쟁에서 이길수가 없으니 대도시나 백화점은 피하고 읍, 면에 다니며 싸게 팔아서 자금의 회전이 원활하게 이루어지도록 합시다."

이렇게 부탁을 해놓고 직접 흙을 파는 일에서부터 도자기를 1,200~1,300도까지 달구어 내는 열두 가지의 공정 과정을 면밀하게 지켜보고 배워 나갔다. 일주일쯤 지나서는 거의 모든 공정을 훤히 알 수 있었고 각각 거기에 알맞은 아이디어를 제공할 수 있었다. 아울러 '파'가 갈린 직원들은 회사를 그만 두게 하였다. 그리고 취업규칙 제1조가 「하나님을 구주로 영접하는 사람이어야 한다」는 것임을 분명히 밝혔다. 도자기는 아주 정교한 산업이라서 무늬를 그려 넣거나 다듬는 직원들의 마음이 부드럽고 온유하지 않고서는 좋은 제품이 나올 수가 없다.

"내가 참 포도나무요, 내 아버지는 그 농부라."

요한복음 15장 1절 말씀을 도자기에 새겨넣기 시작했다.

아울러 참포도의 그림을 새겨 넣은 것이 판매에 활기를 불러 일으켰다. 그리고 그 해에 대학원에서 석사 학위를 받았다. 식당 옆에다가는 65평의 교회를 건축했다. 지금까지는 마당에서 예배를 드렸지만 이제는 아담한 성전에서 예배를 드리게 된 것이 너무나 기쁘고 감격스러웠다. 우리 부부는 사업을 시작한 이후로 4시간 이상 잠을 잔 적이 없을 만큼 온통 사업에 전념했다. 심지어 3남매도 변변히 돌볼 수가 없었지만 현재 신앙 안에서 건강하고 건전하게 잘 자라고 있다.[2]

　　　　　　　　　　　　　　　　　　— 하태리(동양 도자기 사장부인, 전무이사) —

---

2) 신앙계 편, 『믿음은 바라는 것들의 실상』 (서울:국민일보사출판국, 1987), pp. 69-70.

13

교회에서는 왜 모든 사람을
죄인으로 몰아 세웁니까?

Q 저는 제 자신이 독실한 기독교인이라고 생각하시는 않습니다
만, 그래도 주일날이면 종종 교회에 나가곤 합니다.

그런데 저의 경우에는 모처럼 마음을 먹고 교회를 갔다 가도 돌아 올 때는 더 무거운 마음과 회의를 안고 돌아올 때가 많습니다.

지금에 있어서 제게 가장 큰 걸림돌이 되는 것은, 교회에서는 왜 모든 사람을 죄인으로 몰아 세우는가 하는 점입니다.

솔직히 말씀드려서, 교회를 향하여 발걸음을 옮길 때는 그래도 교회에 가서 좀 평안함을 맛보고, 가벼운 마음으로 교회 문을 나설 것을 기대합니다.

그러나 설교를 통하여 내게로 다가오는 것은 무거운 죄책감뿐입니다. 교회에서는 왜 사람들을 죄인이라고 몰아세우는지 모르겠습니다. 좀 더 따뜻하게 품어 줄 수는 없을까요?

평안감과 용기와 소망을 줄 수 있는 말이 얼마든지 있을 텐데, 왜 자꾸

만 "너는 죄인이다, 회개하지 않으면 지옥에 간다"면서 위협을 하는지 모르겠습니다. 가뜩이나 살기가 고달프고 무거운데, 좀 더 평안을 맛볼 수 있도록 위로해 주고 용기를 북돋아 줄 수는 없는가요?

도대체 우리가 무슨 죄를 졌길래, 말끝마다 "죄! 죄!" 하는지 이해할 수가 없습니다. 살인하지도 않았고, 간음이나, 도적질하지도 않았고, 남에게 해를 끼친 일도 없는데 교회만 가면, 죄를 회개하라고 소리질러대니 도대체가 못마땅합니다.

교회를 찾아오는 사람들에게 꼭 그렇게 해서 정떨어지게 해야 하는 것인지 생각해 볼 필요가 있다고 생각합니다.

이 점에 대한 목사님의 견해를 듣고 싶습니다.

A 교회에 가시면, "당신은 죄인이다, 회개해야 한다"하는 소리가 무척이나 듣기 싫으신 모양이죠?

교회에서는 왜 자꾸 그런 소리를 하는지, 그리고 당신은 왜 그 소리를 그렇게도 싫어하는지 그 이유를 제가 한번 맞춰 볼까요?

그 답은 오직 한가지 "당신이 죄인이기 때문입니다."

"내가 무슨 죄를 졌느냐?"고 반발하시겠지요? 그렇다면 저는 이렇게 말씀드리겠습니다.

즉 "당신은 틀림없이 죄인이다. 그리고 만약 당신이 죄인이 아니라면, 교회 나오지도 말고, 예수를 믿을 필요도 없다"고… 지금 무슨 소리를 하느냐구요?

그럼 제 말을 잘 들어보시기 바랍니다.

자고로 사람들이 종교를 갖는 이유는 자기에게 문제가 있기 때문입니다. 만약 인간에게 아무 문제도 없다면, 아마도 아무도 종교를 갖지 않을 것입니다.

정신적으로, 신체적으로, 그리고 살아가는데 있어 여러 가지 문제가 있기 때문에 인간들은 절대자(즉, 神)의 도움을 얻기 위해 신앙을 갖게 됩니다.

그런데 이러한 모든 문제의 근본 원인은 하나님과의 관계가 잘못되어 있기 때문에 일어납니다.

즉 하나님과 화목하지 못하고 단절되어 있기 때문에 문제가 발생되었다는 말입니다.

당신이 인정하든 안하든 간에 이것은 사실입니다.

그런데 하나님과 사람 사이가 이와 같이 틈이 난 것은 바로 "죄" 때문입니다(이사야 59:1~2).

하나님은 죄를 가장 미워하시며, 절대로 가까이하실 수 없습니다.

그렇기 때문에 죄의 문제가 해결되지 않고는 하나님과의 관계가 절대로 개선될 수 없습니다.

만약 당신이 죄인이 아니라면, 하나님과의 관계가 단절될 리가 없고, 아무런 문제도(그것이 영적이든, 육적이든) 없을 것입니다.

따라서 당신은 구태여 교회를 다니거나, 예수를 믿을 필요가 없는 것입니다.

이 점에 대해 예수께서는 다음과 같이 말씀하셨습니다.

건강한 자에게는 의원이 쓸데없고 병든 자에게라야 쓸데 있느니라… 내가 의인을 부르러 온 것이 아니요 죄인을 부르러 왔노라 하시니라(마태복음 9:12~13)

건강한 사람은 병원이나 의사를 찾을 필요가 없습니다. 그러나 병든 사람은 그 병을 고쳐 줄 의사가 필요합니다. 이와 같이 죄없는 사람은 구세주가 필요 없지만, 죄인은 그 죄를 깨끗케 해줄 구세주가 필요한 것입니다.

그렇다면 과연 이 세상에서 죄없는 사람은 누구일까요?

성경은 말하기를 의인은 없나니 하나도 없다고 말하고(로마서 3:11, 23), 죄없다고 주장하는 사람은 스스로 속이는 자요, 진리가 그 속에 있지 아니하고, 하나님을 거짓말하는 자로 만드는 것이라고 말하고 있습니다(요한일서 1:8~10) 꼭 살인을 하고 도적질을 해야만 죄인인 것은 아닙니다.

아무리 사소한 죄도 하나님 앞에서는 숨길 수가 없습니다.

당신이 남을 미워했다면 그것은 살인한 것입니다.

그리고 마음 속에 음욕을 품은 적이 있다면 그것은 곧 간음한 것이며, 남의 것을 탐낸 적이 있다면 그것은 이미 도적질한 것입니다(마태복음

5:21~22, 27~28).

그리고 당신이 마음을 다하고 목숨을 다하고 뜻을 다하여 하나님을 사랑하지 않고 있다면, 당신은 가장 큰 계명을 어긴 것이며, 가장 큰 죄인입니다(마태복음 22:36~38).

병든 사람은 자기가 병든 사실을 알 때에 병원을 찾게 되고 치료받아 건강케 되며, 죄인은 자기가 죄인인 것을 알 때에야 비로소 구세주를 찾게 되고, 구세주 예수를 믿어 모든 죄를 용서받고 깨끗케 됩니다.

병자가 자기를 건강한 자로 착각할 때, 적절한 치료가 이루어질 수 없어서 죽어 가듯이, 사람은 자기가 죄인인 것을 인정하지 않기 때문에 구세주를 찾지 않고, 결국은 멸망하는 것입니다(지옥).

당신이 죄인인 것을 인정하십시요.

그리고 예수께서 당신의 죄를 대신하여 십자가에서 죽으신 것을 믿으십시요.

그리고 하나님께 자신의 죄를 고백하며 용서를 비십시요.

그리고 죄로부터 영원히 돌아서 버리십시요(회개).

그리하면 하나님께서는 당신을 용서하시고, 모든 불의에서 당신을 깨끗케 하실 것이며(요한일서 1:9), 당신의 죄가 아무리 크고 많더라도, 흰 눈같이, 양털같이 될 것입니다(이사야 1:18).

문제는 당신이 죄인이며 하나님과 원수된 처지임에도 불구하고 계속해서 죄인이라는 사실을 부인하는데 있습니다.

당신이 만약 죄인임을 인정하고, 하나님께 자백한다면 그리고 예수 그리스도의 십자가의 대속(대신 속죄)을 믿기만 한다면 하나님과 당신은 화목하게 될 것이며(에베소서 2:11~18), 당신의 모든 문제는 해결될 것이며 평안하며 복을 받을 것입니다(욥기 22:21). 하나님과 화목하십시요.

하나님과 당신 사이에 놓여 있는 죄의 담을 헐어버리십시요(예수님의 십자가로).

그리하면 하나님과 가까워지고 모든 문제는 해결될 것이며(에베소서 2:13~16), 평안하게 될 것입니다.

이것이 바로 당신이 알아야 할, 그리고 당신을 자유케 하는 진리입니다.

교회는 바로 죄인들이 찾아와 치료받는 영혼의 병원인 것입니다.

오직 너희 죄악이 너희와 너희 하나님 사이를 내었고, 너희 죄가 그 얼굴을 가리워서 너희를 듣지 않으시게 함이니…(이사야 59:1)

너는 하나님과 화목하고 평안하라. 그리하면 복이 네게 임하리라 (욥기 22:21)

진리를 알찌니 진리가 너희를 자유케 하리라 (요한복음 8:32)

바늘 도둑이나 소 도둑이나 죄는 같다 (너는 내것이다)

전도사님 댁은 대전 개운산 언덕 기슭에 있었다. 전도사님은 가정예배를 드리고 있었다. 전도사님에게 내가 "방언 받기 위해 왔습니다" 했더니 나를 방바닥에 눕혀 놓고 머리에 손을 얹고 간절히 기도해 주셨다.

나를 위해 여러 사람이 붙들고 기도했는데 올 것이 왔다. 피곤한 몸이 벌떡 앉아지면서 혀가 돌아가기 시작했다. 그때 내 마음속에서 우러나오는 것은 '하나님 저는 죄인입니다. 무슨 죄인지 생각나지 않았지만 저는 죄인입니다'라는 것이었다.

눈물이 나기 시작했다. 왜 그런지 몰랐다. 그 때가 고등학교 2학년 때였는데 큰 죄도 없는데 밤에 참외밭에 가서 주인에게 말 안하고 따먹은 것, 말하려고 해도 주인이 없었다. 배고파서 기도 안하고 그냥 먹은 것도 생각나고, 학교 변소에 돌을 풍덩하고 집어 던져서 여자 선생님을 놀라게 했던 일, 나는 이미 잊어 버렸던 일인데 하나님께서 다 기억하고 계셨다. 어린 마음이었지만 큰 죄는 아니라고 생각했다. 바늘 도둑이나 소 도둑이나 죄는 같다.

다른 사람 죽게 하고 마음 아프게 한 일은 없는데 작은 일까지 하나님께서는 모두 기억하고 계셨다가 생각나게 하셨다.

하나님께서는 깨끗하기를 원하셨다. 내가 회개할 때는 그게 그렇게 큰 죄였다. 어쩌다가 그렇게 했는지 내 마음속에는 더 큰 죄가 무엇인가 생각나지 않았지만 성령님께서는 계속 기도하게 하셨다. 눈물, 콧물 줄줄 흐르고 혀가 나와서 들어가지 않았다. 끈적끈적한 침과 눈물 콧물이 범벅

이 되어서 수염처럼 줄줄 흐르고, 그래도 나는 멈출 수가 없었다. 그 방바닥을 뒹굴고 울었다.

하나님 내가 죄인입니다. 하나님 앞에 얼굴을 들 수 없는 모습으로 하나님 앞에 그저 죄인이라고 고백하기를 두 시간 동안 했다.

모든 것을 회개하고 나니 하나님께서 내 마음에 평안을 주시기 시작했다. 내가 아직도 잊어버릴 수 없는 마음의 평안함은 그것이었다. "종수야, 너는 내 것이다."

그때 내 마음은 너무도 기뻤다. 세상에서 나를 알아주는 이가 아무도 없는 줄 알았다. 그런데 하나님께서 나를 사랑하신다는 것을 알았다. 기쁨이 차고 넘치는 것이었다. 또 얼마나 울었는지 모른다. 예수님을 통해서 나의 모든 죄를 사해 주시고 이제는 하나님께서 내 손을 잡아 주시며 "일어나라 일어나라." 부탁하는 그 음성을 들을 때에 나는 얼마나 감사했는지 모른다.[1]

---

1) 원종수, 『너는 내 것이다』 (서울:국민일보사, 1994), pp. 79~81.

꼭 예수를 믿어야 한다는
것은 독선이 아닙니까?

Q 목사님 안녕하십니까? 늘 생각하던 질문을 하나 드리겠습니
다. 다름이 아니라, 왜 "꼭 예수를 믿어야 한다"고 주장하는가
하는 질문입니다. 세계 도처에 수많은 종교들이 있고, 우리나라만 하더라
도 여러 가지 종교들이 있습니다.

이러한 종교들은 제각기 독특하기는 하지만 그래도 인간들의 정신을
계도하고 있다는 측면에서는 모두 다 공헌을 하고 있다고 봅니다.

사람들은 자신의 취향이나 환경으로 인해 어느 한 종교를 택하거나, 혹 별
로 종교의 필요성을 못 느끼는 사람들은 종교를 갖지 않을 수도 있습니다.

그런데 유독 기독교만은 기독교를 믿어야만 구원을 받는다고 말하면서
다른 종교를 믿는 사람은 구원받지 못하며, 결국은 지옥에 가게 된다고
주장합니다.

누구나 자기가 믿는 종교를 우월하다고 생각하는 것은 당연한 일이지
만, 그렇다고 해서 다른 종교를 무시하거나, 적대시한다면 그것이 어찌

올바른 종교라고 할 수 있겠습니까?

예수가 훌륭하신 분이라면, 공자님도 부처님도 훌륭하신 분입니다. 어찌해서 기독교인들은 "꼭 예수를 믿어야만 구원받는다"고 말하는 것입니까? 그렇다면 예수 믿지 않는 사람들은 모두 다 지옥에 간다는 말입니까?

예수를 믿지는 않지만, 교인들보다 더 선하고 훌륭한 사람들이 많이 있고, 또 대단한 경지에 이를 정도로 수양을 하고 있는 다른 종교인들도 많이 있는데 어떻게 기독교는 자기 종교에만 구원이 있다고 주장할 수가 있는지 모르겠습니다. 그런 주장은 굉장히 독선적이며, 다른 사람들의 공감을 얻을 수 없다고 봅니다.

어떻습니까? 목사님께서도 "꼭 예수를 믿어야만 천당에 간다고 믿습니까?

A　기독교가 독선적이라고 비난을 받은 것은 어제 오늘의 일이 아
　　닙니다. 기독교가 생길 때부터 그러했습니다.

그것은 기독교인들이 편협해서도 아니고, 그렇게 하고 싶어서도 아닙니다. 오직 예수께서 독선적 존재이시기 때문이며, 실제로 예수를 믿지 않으면 구원받지 못하기 때문입니다(사도행전 4:12).

예수께서 이렇게 말씀하셨습니다.

내가 곧 길이요 진리요 생명이니 나로 말미암지 않고는 아버지께로 올 자가 없느니라(요한복음 14:6)

자, 그럼 이제부터 왜 꼭 예수를 믿어야만 하는지 말씀드려 보겠습니다.

1. 인류 최대의 문제

"사람이 살아감에는 무슨 목적이라도 있고, 역사의 진행에는 무슨 목적지라도 있는 것일까?"

이것은 지금까지 많은 사람에 의해 던져진 중요한 질문 중의 하나입니다. 그러나 이와 같은 질문에 답할 수 있는 사람은 그렇게 많은 편이 아닙니다.

왜 그럴까요? 그것은 "죽음"이라는 인류 최대의 문제를 해결한 사람만이 답할 수 있는 문제이기 때문입니다. "죽음"이라는 이 두 글자만큼 인간에게 고뇌를 안겨다 준 글자는 없을 것입니다.

그러나 더욱 심각한 것은 "죽음"의 해결인 "구원"에 대해서 관심을 가지지 않으려고 하는 현대인의 교만일 것입니다. 물론 그 문제를 가볍게 여

겨서가 아니라, 정복할 수 없는 난공불락의 요새라고 아예 고개를 돌리고 싶은 심정에서인지도 모릅니다.

어쨌든지 간에 이 문제(죽음)의 해결 없이는 인간에게 아무런 가치도, 목적도, 행복도, 소망도 기대할 수 없습니다. 왜냐하면, 영원성이 없는 것은 절대적일 수 없고 절대적이 아닌 것은 상황의 변수에 따라 유동적이고 진정한 의미에서의 가치나 목적이라고 할 수 없기 때문입니다.

따라서 구원(영생)의 문제만큼 우선적으로 해결해야 될 문제도 없고 그보다 더 중요한 것도 없습니다.

그렇다면, 우리는 구원의 진리에 대하여 심각하게 고찰하고 참진리를 알므로, 죄와 사망에서 해방되어 완전한 자유를 누려야 할 것입니다(요한복음 8:32).

2. 문제의 발단

그럼, 이제 문제의 해결에 앞서 문제의 발단에 대해서 생각해 봅시다.

죽음이 어떻게 생겨났고, 언제부터 인류 위에 왕노릇하였는지 가르쳐 주는 책은 없습니다. 철학도 도덕도 과학도 그것에 대해서는 함구령이라도 받았는지 입을 다물고 하다 못해 아이들이 보는 동화나 만화책에서도 거론되지 않습니다.

그러나 단 하나, 하나님의 선물인 "성경"만은 이에 대하여 명명백백하게 구구절절이 말하고 있습니다. "죽음은 죄로 말미암아 왔다고(로마서 5:12, 6:23; 야고보서 1:15)…

그렇다면, 죄는 어떻게 해서 생겼을까요?

성경은 말하기를 "인류의 조상인 아담의 범죄로 말미암았다(창세기 3:1

~24; 로마서 5:12~14)고 명백히 밝히고 있습니다. 그러나 우리는 여기서 아담의 불순종으로 인한 타락에만 주의하여 사탄(Satan, 마귀)의 궤휼을 간과해서는 안될 것입니다.

하나님의 구원의 계획에는 하나님의 인간을 향한 공의와 사랑과 더불어 간교한 반역자 사탄에 대한 하나님의 승리도 엿보이기 때문입니다.

3. 해결의 실마리

하나님의 우주 창조의 목적, 특히 인간 창조의 목적은 더 말할 것없이 피조물로 부터 영광과 찬송을 받으시려는 것이었음에 틀림없습니다(이사야 43:7).

그러나 아담이 하나님과의 언약을 어기고 선악과를 따먹음으로 불순종의 죄와 더불어 타락했을 때, 하나님께서는 자신의 공의에 따라 사망 선고를 내리셨습니다. 그러나 자신의 창조목적 달성과 인류를 향한 사랑 까닭에 하나님은 인류 구원의 놀라운 계획을 계시하시기 시작하셨습니다.

〈창세기 3:15〉부터 시작된 하나님의 인류 구원의 계시는 여러 가지의 예표, 예시, 예언 등을 사용하여 이스라엘 민족을 통해 "구약성경"이라고 하는 특별하신 섭리로 전달되었고, 이의 성취는 인류 역사를 두동강 내어 B.C.(主前)와 A.D.(主後)의 분기점을 이루는 대사건으로 폭발되었으니, 이것이 곧 우리 구주 예수 그리스도의 탄생이요, 수난과 부활을 통한 인류 구속의 완성인 것입니다.

4. 오직 믿음으로

아담의 타락과 실낙원 이후, 얼마나 많은 사람들이 영생과 구원을 위해서 생각하고 노력해 왔던가? 혹은 도덕이나 철학으로 혹은 금욕이나 고행으로… 그러나 목마른 갈증을 해결할 시원한 생수를 그 누구도 공급할 수는 없었습니다.

오직 하나님께서만이 우리에게 영생토록 샘솟는 생수를 주셨으니(요한복음 4:14), 곧 십자가로 승리하신 그리스도 예수입니다.

그렇다면, 우리는 여기서 예수 그리스도와 구원과의 관계에 대하여 살펴보아야 할 것입니다.

(1) 원죄에 대하여

하나님께서는 아담의 자발적인 순종으로 영광을 받으시기를 원하셨으나, 사탄의 시험에 빠진 아담은 선악과를 따먹었고, 하나님께서는 아담과의 언약대로 죄를 범한 아담에게 사망 선고를 내리셨고, 그의 죄값은 대대로 유효하게 되었습니다.

그것은 아담이 하나님과 언약을 맺을 때 개인의 자격이 아니라 인류의 대표로서 행한 것이었기에 그의 후손인 인류는 당연히 그 댓가를 받아야만 했고, 지금까지 죽음을 피한 인간은 하나도 없습니다.

죄의 삯은 사망이요…(로마서 6:23)

(2) 성육신(처녀 탄생)에 대하여

이사야를 통해서 말씀하신 대로(이사야 7:14), 하나님께서는 그의 외아들 예수 그리스도를 동정녀(virgin) 마리아를 통하여 성육신(Incarnation), 즉 성령으로 말미암아 잉태하여 예정하신 대로(미가서 5:2), 다윗의 집, 베들레헴에서 탄생케 하셨습니다.

성육신의 필요성에 대하여 말할 것 같으면, 먼저 하나님의 구원의 방법이 대속(Redemption, Atonement, 대신속죄)이라는 점을 전제하여야만 합니다.

하나님께서는 그의 사랑과 인류 창조의 목적 달성을 위해서 타락한 인류를 구원코저 계획하셨는데, 그 방법은 다른 인격체로 하여금 타락한 인류대신 죄값을 치러 죽게 하는 것이었습니다.

천하 인간은 모두 아담의 후예로 "원죄" 아래 있어 하나도 의인이 없으므로 대신 속죄할 수 없고, 오직 하나님의 독생자 예수 그리스도만이 인류를 위해 대속할 수 있었습니다.

그러나 속죄할 당사자는 하나님이 아닌 인간이었기에 하나님께서는 자기 아들을 인간의 모습으로 세상에 보내셔야만 했습니다. 즉, 대속의 자격으로는 하나님이어야 했고(죄없는 존재여야 하니까…), 속죄할 당사자로는 인간이어야 했기에 예수 그리스도는 완전하신 하나님이시요, 인간이신 존재로 이 땅에 강림하신 것입니다. (만약 예수 그리스도가 요셉과 마리아의 육체 관계에 의해 태어난 것이라면, 우리와 똑같은 인간이요, 죄인이기 때문에 우리의 구세주가 될 수 없습니다. 따라서 하나님은 처녀 마리아의 몸에 성령으로 말미암아 잉태되도록 하셨던 것입니다.)

(3) 예수님의 죽음과 부활에 대하여

3년 반동안에 하나님의 의를 이룩하신 그리스도께서는 드디어 때가 이르매 율법 없는 이방인의 손에 넘기어 예정하신 바대로 십자가에 못박혀 우리의 허물과 죄를 담당하셨고, 장사한지 사흘만에 죽음을 이기고 부활하심으로 죄와 사망의 문제를 해결하셨습니다. 그의 "죽음"이 하나님께 대한 인류의 죄를 위한 일회적 완전한 제사요 속죄라면, 그의 부활은 마귀(Satan)에 대한 일회적 영원한 승리인 것입니다.

(4) "칭의"와 "구원"에 대하여

하나님께서는 우리의 선한 행위 때문이 아니라, 그리스도의 대속을 근거로 하여서 예수를 구주로 믿고 영접하는 자를 "의롭다" 칭하시고(갈라디아서 2:16; 로마서 5:1), 하나님의 자녀로 삼아 주십니다(요한복음 1:12).

이것은 놀라운 사실입니다. 죄인들을 위하여 자기 외아들을 대신 죽이시고, 그의 대속하심을 믿는 자를 의롭다 칭하시고 영생(eternal life)을 주시고 자녀로 삼아 주시는 하나님의 구원의 방법은, 대적 사탄도 놀란 하나님의 독특한 방법이며, 우리는 다만 "믿음으로 얻은 선물(구원)"에 대하여 감사할 뿐입니다(에베소서 2:8~9).

5. 결 론

세상에 많은 종파가 있지만 그 어느 종교의 창시자가 당신의 죄와 죽음의 문제를 해결해 주었습니까? 그 누가 당신에게 "나를 믿어야만 구원받는다"고 말했습니까? 없습니다. 전혀…

오직 예수 그리스도만이 당신의 죄를 대신 십자가에서 담당하셨고 부활하사 사망 권세를 깨뜨리셨습니다. 그렇기 때문에 예수께서는 당신을 향하여 이렇게 말하고 있습니다.

내가 곧 길이요 진리요 생명이니 나로 말미암지 않고는 아버지께로 올 자가 없느니라(요한복음 16:6)

(2+2=4)라고 주장하는 수학자를 독선적 주장이라 비난하는 사람은 없습니다. 왜냐하면, 그것은 수학적으로 진리이기 때문이며 다른 답은 없기 때문입니다.

이와 같이 "꼭 예수를 믿어야 한다"는 기독교의 주장은 독선이 아닙니다. 왜냐하면, 그것은 분명한 사실이니까요.

이제, 당신도 헛된 곳에서 공허한 방법에 귀를 기울이지 마시고, 예수 그리스도를 믿어 구원에 이르기를 바랍니다. 오직 예수만이 우리의 구세주요(디모데전서 2;5), 하나님과 화목하는 유일한 길이며(에베소서 2:16), 영생에 이르는 좁은문입니다(요한1서 5:11~12).

다른 이로서는 구원을 얻을 수 없나니 천하 인간에 구원을 얻을 만한 다른 이름을 우리에게 주신 일이 없음이니라 하였더라(사도행전 4:12)

아들이 있는 자에게는 생명이 있고 아들이 없는 자에게는 생명이 없느니라(요한1서 5:12)

왜 꼭 예수만인가를 확인하고 싶으시다면, 다음 성경구절들을 찾아보시기 바랍니다.

(요한복음 14;6; 사도행전 4:12; 요한복음 15:5, 3:36; 요한1서 5:11~13; 디모데전서 2:5~6; 요한복음 5:24; 요한복음 3:16~18)

개종의 갈등 (극락의 불나비)

한 두어 번은 불경을 잘 대출해 주다가 하루는 느닷없이 대출 신청한 불경은 가지고 오지 않고 기드온 협회 발행의 "신약성서"를 갖다 주는 것이다. "불경은 어떻게 하고 대출 신청도 하지 않은 기독교 책을 가지고 왔소?" "불경은 대출되고 없어서 심심하실 것 같아서 기독교 책을 가지고 왔으니 스님 한번 읽어보십시오" "거짓말하지 마시오. 그 어려운 불경은 볼 사람이 없는데 5권이나 신청했는데 한 권도 없이 다 대출되었소? 내가 비록 독방에 수감되어 있다 하여 그렇게 사람을 속일 수 있소?" "스님! 저는 대학 재학생입니다. 스님께서는 대학에서 강의도 하셨다 하는데 제자가 스승님께 꾸중을 들어도 당연하지요. 그러나 스님! 기독교도 수억의 인구가 믿고 있으니 여기도 진리가 있을 것이니 한번 읽어 보십시요. 저는 내일 제대합니다. 스님 위해서 기도하겠습니다." 이렇게 말하고 휑 가 버리는 것이다. 얼마나 얄밉고 괘씸한 생각이 드는지 그러면서도 참 기독교인들이 지독하다고 생각되었다. 비록 독방에 수감되었으나 골수 불교 승려에게 전도하는 열의가 한편 부러웠다. 불교는 소극적이며 전도에 전혀 생각도 못하고 있다. 그러면서도 마음은 편치 않아서 "나무아미타불"을 여러 수천번 외우고 참선을 해도 마음이 편치 않았다. 그 이튿날부터 읽기 시작하였다. 나는 복음을 처음 접할 때 전기에 감전된 것 같았다. 평소에 그렇게 염원하던 생사 문제가 해결되었다. 이럴 수가 있나? 갈등에 몸부림쳤다. 여기서 불교와 기독교를 단 한가지만 비교하라. 옛날 인도의 구시라성의 시다림(林)이란 한가한 숲속을 석가모니는 제자들과 같이 지나

가고 있었다. 그때 그 숲에서 한 젊은 과부가 애통하니 울고 있었다. 외아들이 죽어서 너무나 처절하게 울고 있었다. 석가모니는 젊은 여인을 보고 울지 말라고 위로의 말을 하였으나 울음을 그치지 않고 그 여인은 석가모니에게 "부처님이시여 내 외아들을 살려 주십시요"라고 애원을 하는 것이다. 이에 할 수 없어서 석가모니는 "자매여 일어나서 마을에 가서 한번도 사람이 죽은 일이 없는 집의 쌀을 한줌씩 얻어다가 죽을 끓여서 먹이면 너의 아들이 살아날 것이다"라고 하였다. 젊은 과부는 기뻐서 마을로 힘 있게 걸어갔다. 그런데 저녁에 해는 뉘엇뉘엇 넘어가는데 그 젊은 과부는 빈 손으로 힘없이 돌아왔다. "부처님이시여, 하루종일 다녀도 사람이 죽은 일이 없는 집이 없습니다. 한 톨의 쌀도 못 얻고 빈손으로 왔습니다." "자매여 생자필멸(生者必滅)이라 사람이 나면 반드시 죽는 것, 인연따라 일어나서 인연따라 없어지는 것 너무 슬퍼할 것이 없느니라." 석가모니는 이 한 마디의 위로의 말을 주려고 젊은 과부를 하루 종일 걷게 만들어 놓고 허탈 상태에서 기진맥진하였을 때 가장 인간적인 척하여 얄미울 정도의 지혜를 짜내어 위로의 말을 한 것뿐이라. 여기서 기독교적인 입장을 살펴보자. 예수님께서는 나인성 과부의 외아들의 애통한 장례 행렬을 보고 자비로써 그 외아들을 살리셨다. 이것으로 미루어 보아 불교와 기독교의 생사 문제에 근본적인 차이가 바로 여기에 있다. 같은 과부와 외아들의 죽음이었는데 불교에서는 죽음을 숙명적으로 받아들이는 인간의 능력의 한계를 보여 주었고 기독교에서는 생명의 삶의 기쁨을 맛보았다. 바로 여기에 부활이고 생명인 참진리가 있는 것이다. 석가모니는 인생의 근본적인 생사 문제에 있어서 문제만 제시하였으나 그 해답의 열쇠는 주지 못했다. 예수님은 문제뿐만 아니라 해답의 열쇠를 주셨다.

　본인은 참진리를 발견하였는데 차마 개종의 길로 돌아설 수 없었다. 수

십만의 불교신도들과 수백의 승려가 따르는 것을 생각하니 더더구나 부모님을 배반하는 것같이 차마 돌아설 수 없었다.

　나는 8개월 가까이 고뇌에 몸부림쳤다.[1]

— 김성화(전, 대한불교 정토종 교육국장, 승려) —

---

1)　김성화, 『극락의 불나비』(서울:도서출판 아가페, 1985), pp. 114~115.

15

구원(영생)이란
무엇입니까?

Q 목사님, 아주 중요한 것을 하나 질문하려고 합니다. 다름이 아니라 교회에서 말하는 "구원"이란 구체적으로 무엇을 의미하는가 하는 것입니다.

흔히 듣는 소리가 "예수 믿고 구원받으세요!"이고, 또 교회를 나간다고 대답하면, "구원받으셨습니까?" 혹은 "구원의 확신이 있으십니까?"하고 질문들을 하는데, 과연 구원이란 무엇을 의미하는 것인가요?

그리고, 내가 구원받았는지의 여부를 알 수 있는 것입니까? 혹 죽은 다음에야 알 수 있는 것이 아닐까요? 알 수 있다면 어떻게 그것을 알 수 있을까요? 그리고 또 "영생을 얻는다" 혹은 "새생명을 얻는다", "거듭난다"는 말 등은 구원과는 어떤 관계가 있습니까?

쉽게 잘 설명해 주시면 감사하겠습니다.

A 아주 중요하고도 좋은 질문을 해 주서서 감사합니다. 한정된 지면이기 때문에 완벽하게 설명 드릴 수는 없을 것 같습니다. 대강 설명을 해드릴테니 참고로 하시고 더 자세한 것은 다니시는 교회의 목사님이나 전도사님께 여쭙거나 시중의 기독교 서점에 가서서 구원에 관한 책들을 사서 읽어보시기를 바랍니다.

실상 구원이란 말은 상당히 광범위하게 사용되는 말입니다. 예를 들면, 가난하여 빚에 쪼들린 사람에게는 빚 갚을 돈을 주는 것이 구원이며, 병든 자에게는 그 병을 치료해 주는 것이 구원입니다.

또한 전쟁으로 한 나라가 멸망의 위기에 처해 있을 때 다른 나라가 원군을 보내서 나라를 지켜주었다면 그것도 구원이지요. 그러나 종교적 의미에서 특히 기독교에서 말하는 구원이란 그런 것들을 의미하는 것이 아니라, 좀더 근본적인 사실을 의미합니다.

이미 앞에서 많이 다루었기 때문에 알고 계시겠지만, 인간은 하나님께 범죄하므로 말미암아 온갖 죄의 저주 아래 놓이게 되었고, 특히 사망의 권세 아래 놓이게 되었습니다. 따라서 구원이란 죄로 부터 해방되어 영생 (eternal life, 영원한 생명)을 얻는 것을 의미합니다. 좀더 구체적으로 설명한다면, 모든 인간은 부모님으로 부터 생명을 받아서 태어납니다.

이 생명을 성경에서는 푸쉬케(ψυχή, 혼적 생명 또는 animal life)라고 합니다.[1]

이 생명은 언젠가는 죽게 됩니다. 늙어서 죽든지 병들어 죽든지, 사고가 나서 죽든지간에… 이렇게 사람이 죽는 것은 죄로 인한 댓가입니다(로

---

1) W. F. Arndt and F. W. Gingrich, A Greek-English Lexicon of the New Testament and Other Early Christian Literature (The University of Chicago Press, 1967), p. 901.

마서 6:23).

그런데 "구원받았다"하는 의미는 이 생명 말고, 또 다른 생명을 갖게 됨을 의미하는데, 새로 받았다 해서 "새생명"이라고도 하고 천국에서 영원히 사는 생명이라 하여 "영생"이라고도 합니다. 성경적 용어로는 "죠에(ζωή, 하나님과 그리스도께 속한 부활의 생명)라고 합니다. [2]

"푸쉬케"는 육신의 부모에게서 받은 것인데 반해 "죠에"는 하나님에게서 받은 하나님의 생명입니다. 따라서 이러한 영생을 얻었다는 것은, 육신적으로는 그대로이지만 영적으로는 하나님의 자녀로 다시 태어난 것을 의미합니다.

그러므로 이 사실을 가리켜 "중생했다" 또는 "거듭났다 (born again, rebirth, regeneration)"고 말하기도 합니다.

이러한 하나님의 생명(God's life, 영생, 죠에)을 가지고 하나님의 자녀로 태어난 사람은 당연히 하나님 나라(천국)의 시민으로 태어난 것입니다 (빌립보서 3:20). 그러므로 결국 천국에서 영원히 하나님과 더불어 복락을 누리며 살게 되는 것입니다.

이것이 구원입니다. 이렇게 볼 때 "구원받았다"하는 말은 "영생(새생명)을 얻었다"하는 말과 같은 것이며 결국은 "하나님의 자녀가 되었다", "거듭났다", "새사람이 되었다", "천국의 시민이 되었다"하는 말과 사실상은 같은 것입니다.

당신은 이제 "구원"이란 얼마나 근본적이고 구체적인 사실인가를 알았을 것입니다. 그러면 하나님께서는 이러한 생명을 누구에게 주는가요? 물론 예수 믿는 사람들에게 주십니다(요한복음 5:13; 요한복음 5:24, 3:28).

비록 우리 믿는 사람도 죄인이었지만 그리스도께서 우리 죄를 담당하

---

2) Ibid., pp. 340~341.

시사 십자가에서 대신 속죄하셨기 때문에 이제 하나님께서는 예수 믿는 사람들을 의롭다 인정하시고(로마서 3:25~26; 갈라디아서 2:16), 영생을 주신 것입니다. 그러므로 우리가 구원받은 것은 우리가 선을 행함으로가 아니라 예수를 믿음으로 값없이 거저 받은 것입니다.

> 너희가 그 은혜를 인하여 믿음으로 말미암아 구원을 얻었나니 이것이 너희에게서 난 것이 아니요 하나님의 선물이라 행위에서 난 것이 아니니 이는 누구든지 자랑치 못하게 함이니라(에베소서 2:8~9)

이 영생은 하나님의 아들 예수 그리스도 안에 있는 것이기 때문에 예수를 믿고 영접하여 자기 속에 그리스도가 있는 자는 영생이 있고, 그리스도가 없는 자는 영생이 없는 것입니다(요한1서 5:11~12; 고린도후서 13:15).

어떤 이들은 말하기를 우리가 구원받을지의 여부는 죽은 다음에나 알 수 있는 것이라 주장합니다만, 성경은 그것을 지금 알 수 있다고 말합니다.

> 내가 하나님의 아들의 이름을 믿는 너희에게 이것을 쓴 것은 너희로 하여금 너희에게 영생이 있음을 알게 하려 함이라(요한1서 5:13)

위의 성경구절은 우리가 영생을 얻었는지의 여부를 알 수 있다는 것과, 또한 하나님은 우리가 그것을 알기를 원하신다는 것을 보여주고 있습니다.

그런데도 불구하고 구원받은 사람들이 실제로는 구원의 확신을 갖지 못하는 이유가 무엇일까요? 그것은 사람들이 자기의 감정이나, 행위에 의존하기 때문입니다. 즉, 구원받은 사람은 완전무결하게 행할 것이라는 선입관을 갖고 있기 때문에, 자기는 결점과 실수가 많고 또 제대로 신앙생활도 못하고 있으니 구원받지 못했을 것이라는 생각을 갖게 되는 것입니다.

더구나 흔히 신앙 간증을 하는 사람들을 보면 굉장히 극적인 회개의 체험을 하는데 자기는 그런 체험도 없고 보면 선뜻 구원받았다고 말할 수가 없는 것입니다. 자기의 느낌이나 행위에 의존하게 되면, 그 누구도 구원의 확신을 가질 수 없습니다.

우리는 다만 하나님의 말씀에 의존해야 합니다(요한1서 5:9~12). 하나님의 말씀에 의하면, 예수 믿는 사람에게는 영생이 있습니다(요한1서 5:13).

이 사실은 이미 확정되어버린 사실입니다(요한복음 5:24). 문제는 내가 정말 예수를 믿고 있는가의 여부입니다. 단지 지적으로 시인하고 있는 것인지 아니면 실제로 예수를 나의 주, 나의 왕으로 영접하여 모시고 있는지(요한복음 1:12)…

이 사실은 본인이 더 잘 알고 있습니다(내게 있어서 내가 지금 주인 노릇하고 있는지 아니면 그리스도께서 주인이신지…).

그리고 또한 구원받은 사람에게는 많은 생활의 변화가 있습니다. 말하는 것이나 행하는 것이나, 좋아하는 것이나 생활의 모든 면에 크게 변화가 일어나기 때문에 흔히 안믿는 사람들로 부터 "교회에 미쳤나봐, 또는 예수에게 미쳤나봐" 등의 말을 들을 수도 있으며 생활이 훨씬 하나님중심, 교회 중심으로 변화됩니다.

바람이 불면 바람은 보이지 않지만 나무 가지는 흔들리듯이, 비록 "영생"은 눈에 안보이지만 영생 얻은 사람에게서는 생활의 변화가 일어나는 것입니다(요한복음 3:7~8). 뿐만 아니라, 내적으로는 심한 갈등을 겪게 되기도 합니다. 마치 내 속에 두 개의 내가 존재하는 것처럼, 한편으로는 하나님을 따라 새생활을 하려는 욕구가 있는 반면 또 한편으로는 이전 습관대로 세상으로 가려는 욕망이 있어 갈등을 겪게 됩니다. 이것은 옛사람과 새사람의 싸움입니다.

이러한 현상은 결국 내 속에 하나님의 생명이 들어와서 약동하기 시작했음을 반증하는 것입니다. 즉, 구원받은 사람이 겪는 하나의 단계인 셈이죠. 그리고 또 성령께서는 믿는 이들 속에 들어 오셔서 (고린도전서 3:16; 로마서 8:11) 그가 하나님의 자녀라는 사실을 증거해 주십니다(로마서 8:16).

우리가 성경을 읽거나 기도할 때에 성령께서는 우리가 구원받았다는 확신을 우리에게 심어주십니다. 그러므로 자기 안에 더 큰 증거를 가지고 있는 셈이죠. 누가 뭐라고 해도…

더 이상 구원받았는지의 여부를 의심하며, 일생을 보낼 필요가 없습니다. 하나님의 말씀의 증거와 마음과 생활에 나타난 변화와 성령의 내적인 증거에 의해 당신이 구원받았는지를 확인하십시오. 그리고 한번 구원받아 영생을 얻은 사람은 어느 경우를 막론하고 절대로 그 영생을 잃어버리지 않는다는 사실을 명심하십시오. 생활과 환경에 따라 사람의 감정은 변하지만 하나님은 결코 변함이 없으시니까요(히브리서 13:8).

다음의 성경을 잘 읽어보십시오. 그리고 구원과 구원의 확신에 대하여 더 자세히 알고 싶으시면 나침판사에서 나온 "참된 삶의 시작은 이렇게"라는 소책자를 참고하시기 바랍니다.

> 내가 너희에게 영생을 주노니 영원히 멸망치 아니할터이요, 또 저희를 내 손에서 빼앗을 자가 없느니라 저희를 주신 내 아버지는 만유보다 크시매 아무도 아버지 손에서 빼앗을 수 없느니라(요한복음 10:28~29)

내가 진실로 진실로 네게 이르노니 내 말을 듣고 또 나 보내신 이를 믿는 자는 영생을 얻었고 심판에 이르지 아니하나니 사망에서 생명으로 옮겼느니라(요한복음 5:24)

—Reference book (참고 도서)

팍 엘리아스의 구원 (타오르는 부흥의 불길)

「팍·엘리아스」는 1928년 일곱 형제들 중 가장 막내둥이로 출생하였다. 그의 아버지는 그가 출생한지 삼개월만에 돌아가셨으며, 이로써 그의 유년기와 청년기가 얼마나 어려웠는가 짐작할 수 있다. 「팍·엘리아스」는 어렸을 때에 정치적 격변(激變)을 여러번 치루었으며, 이를 통한 어부지리(漁父之利)로서는 '티머', '암본'어(語), 및 인도네시아어, 일본어, 화란어 그리고 영어를 배운 점이다. 이 언어들은 그의 교육과정을 잘 반영시켜 주고 있다. 중학교는 '로테' 섬에서 나왔고, 고등학교는 '티머'에서 다녔으며, 사범대학은 '암본'에서 다녔고, '쟈바'에서의 교편생활을 마지막으로 '반둥'대학에 보직을 얻게 되었다.

이것은 정치적 변화뿐만 아니라, 거리상으로 보아도 특이한 교육과정이라 하겠다. 이 도서(島嶼)의 실제 주계(州界)는 칠천내지 팔천마일에 해당된다. 따라서 언어학적 및 지리학적 면에서 「팍·엘리아스」의 교육은 매우 광범위한 것이었다. 공부하는 데에 필요한 학비가 부족했음에도 불구하고, 「곽·엘리아스」의 생애는 매우 독특했다. 그는 다음 과정을 공부하기 위한 학비를 조달하기 위하여 주기적으로 일을 해야만 했었다. 그럼에도 불구하고 그의 탁월한 지력(知力)으로 말미암아 동료들 보다 먼저 모든 학업을 끝마칠 수 있었다. 그가 23살이 되었을 때, 그는 이미 '엠'이라는 곳에 있는 중등학교 교장이 되었다. 더 많은 교육을 받음에 따라 그는 동일한 마을에 있는 한 사범대학 학장이 되었다. 29살이 되었을 무렵 그는 대학의 학장직과 대학교 강사직과 또한 2,000명의 학생이 있는 고등학교의 교장직을 겸임하고 있었다. 실로, 이것은 놀라운 출세이다. 「곽·엘리아스」는 교계 내에서도 많은 존경을 받는 사람이었다. 24살쯤 되어서 그는 '반둥'에서 크리스챤 젊은이를 위한 일의 지도 자격이 되어 있었으며, 26살에 가서는 지역 교회의 장로가 되었다. 이외에도 그는 2,000명이나 되는 그의 고등학생들과 200명의 사범대학 학생들에게 매주일마다 설교하곤 했다. 참으로 큰 일을 맡고 있었다!

사회적으로나 교회적으로 보아 「곽·엘이아스」는 지도자의 재질을 가지고 태어난 사람으로 인정을 받았다. 그러던 중 한 이상한 일이 생기게 되었다. 1957년 11월달에 미국 무디 성경학교의 「로렌드 브라운」박사가 동'쟈바'에서 전도 집회를 갖게 되었다. 「곽·엘리아스」는 11월 18일 집회에 참석하게 되었으며 그때 말씀은 그를 사로잡아 버렸다. 마침내 죄인들은 앞으로 나오라는 초청이 있었다. 그때 그는 앞으로 나가야 된다는 충동이 강력하게 부딪혀 왔으나 용기가 없어서 결국 나가지 못하였다. 그날밤 그의 마음 속에는 무서운 싸움이 벌어졌다. 한 목소리가 그에게, "너는 거듭나지 않았다"라고 소리쳤다. 그러나, 마귀는, "그러나, 너는 칠년 동안이나, 설교를 해왔고 교회의 장로가 아니냐?"라고 대답했다. 속에서는 한 소리가 있어 계속 "너는 교만하다. 너는 네 나름대로 성공적인 교회 생활과 사생활을 쌓아 올리고 있다"라고 외치고 있었다. 마귀는 또 다시, "너는 선한 생활을 하지 않았는가? 너는 정로(正路)를 걷고 있으며, 네가 사는 방법은 조금도 잘못되지 않았다"라고 대답했다. 싸움은 계속되었다. 결국 시험하는 마귀는, "집회에 참석하지 말라, 거기에는 네게 유익한 것이 하나도 없다"라고 충동하기 시작했다. 그러나 이 모든 것에도 불구하고 「곽·엘리아스」는 다시 돌아와서 「브라운」박사의 말씀을 듣게 되었다. 또 다시 그의 말씀은 그의 심령을 사로잡았다. 선교사가 죄를 공중 앞에서 회개하라고 강권하자 「곽·엘리아스」는 모든 것을 다 잊어버리고, 벌떡 일어나서 앞으로 나아갔다. 그는 예수님을 그의 마음 속에 영접한 후 그의 전 생애를 전폭적으로 주님께 맡겨 버렸다. 「곽·엘리아스」의 구원은 그 지역 교회에 폭탄적인 효과를 가져왔다. 목사들과, 교회 장로들과, 교사들과, 심지어는 평신도들까지도 그의 행동에 대하여 분노를 금할 수 없었다. 그들은 이구동성(異口同聲)으로, "그가 종전에 옳지 못했다면 결국 순전한 위선자이었다"고 욕하기 시작했다. 그러나 「곽·엘리아스」의 구원으로 말미암아 일어났던 모든 물의와 분노는 결국 자기 자신들의 불안감으로 부터 오는 무의식적인 두려움의 발로이었던 것이다. 교회에 출석하는 많은 사람들이 구원을 받고 거듭난다는 것이 무슨 뜻인지 도무지 이해하지 못하고 있고 목사들과 교회 장로들까지도 그럴 수 있다. 따라서 이 것은 심각한 문제이다.[3]

---

3) 쿨트 코호, 『타오르는 부흥의 불길』, 이태웅 역 (서울:생명의말씀사, 1973), pp. 134~136.

16

사람마다 타고난 운명이
있는 게 아닌가요?

Q 목사님 안녕하세요? 지금까지의 목사님의 말씀을 듣다 보면, 하나님은 정말 존재하시고, 성경은 오류 없는 하나님의 말씀이며, 하나님의 아들이신 예수님을 믿으면 모든 죄를 용서받고 영생을 얻어 구원에 이르며 천국에 갈 수 있다는 좋은 소식인 것 같습니다. 그뿐만 아니라, 예수를 믿고 구원받으면 하나님의 자녀가 되기 때문에 이 세상에 사는 동안에도 하나님의 보호와 인도와 축복하심으로 더 나은 복된 인생을 살게 된다는 주장으로 들립니다.

하지만, 현실을 돌아보면 세계는 여전히 혼탁스럽고 수 많은 사람들의 인생이 가난과 무지와 억압과 절망 가운데서 헤어나오지 못하고 있는 것이 사실입니다. 불교나 이슬람교나 천주교나 심지어 기독교를 믿는 나라와 문화권은 물론이고 주변의 많은 기독교인들의 개인적인 삶을 보더라도 무엇인가 운명에 매여있는 것 같은 변함없는 답답한 현실을 매일 같이 찾아볼 수 있습니다.

차라리 힌두교나 불교에서 말하는 윤회나 업보와 같은 사상이 이러한 인간의 현실을 더 잘 설명해주고 있는 것 같은데, 이 점에 대한 목사님의 견해는 어떠하신지요? 다시 말해서 사람은 각자 자기가 타고난 운명 또는 팔자라는 것이 있는 게 아니냐는 질문입니다.

A 좋은 질문입니다. 그리고 이러한 질문이 상당히 논리적이고 일면 설득력이 있어 보이는 것도 사실입니다. 그렇기 때문에 그러한 사상에 의존한 종교도 나름대로 번성하고 있을 것입니다. 그러나 제가 말씀드리고 싶은 대답은 간단합니다. "원리를 알면 운명 또는 팔자를 바꿀 수 있다."는 것입니다.

■ "팔자"는 고칠 수 없다는 생각이 문제입니다.

1부터 9까지의 숫자 가운데서 8자를 제외하고 다른 모든 숫자들은 고칠 수가 있습니다. 예를 들면, 1자를 4자나 7자로 고칠 수 있고, 3자를 8자로 고칠 수 있습니다. 그러나 오직 하나 8자만은 다른 숫자로 고칠 수가 없다고 합니다. 그래서인지 사람들은 팔자(八字)는 고칠 수 없다고 합니다. 그러하여 대부분의 사람들이 체념하고 한숨 쉬면서 자신의 부서진 꿈(Vision)을 바라보는 가운데 고장 난 인생을 붙잡고 아파하고 있습니다.

인도 같은 힌두교 국가나 불교 국가들이 후진성을 면치 못하고 못사는 이유를 아십니까? 그것은 그들의 종교와 문화적 요인 때문입니다. 힌두교의 경우 카르마(Karma, 업보, 인과응보 사상, 인간의 현세의 운명은 전생의 행위에 의해서 결정된다는 사상으로 일종의 숙명론입니다.)[1]의 교리 때문에, 운명은 신이나 인간도 바꿀 수 없다고 생각합니다.[2]따라서 그들은 자신들의 삶을 바꿀 생각을 하지 않고 인생을 새롭게 살려는 의욕이 없습니다. 그렇기 때문에 질병과 가난에서 벗어나지 못하고 문화와 역사가 발전하지 못한다고 학자들은 지적합니다.[3] 결국 팔자는 고칠 수 없다

---

1) 전호진, 『종교다원주의와 타종교 선교전략』(서울: 개혁주의 신행협회, 1992), p.165.
2) Ibid., p.178.
3) Hans-Werner Gensichen Und Horst Rzepkowski, Missions Theologie (Berlin : Dietrich Reimer Verlag, 1985), p.172.-전호진, op. cit., p.181.에서 재인용.

는 생각이 문제인 것입니다.

■ 그러나 팔자는 바꿀 수 있다.

어느 분으로부터 8자를 바꿀 수 있다는 말을 들었습니다. 8자를 넘어뜨리면(뉘어놓으면) ∞(수학에서의 '무한대')가 된다는 것이었습니다. 놀라운 발상이었습니다. 8자를 다른 숫자로 고칠 수는 없지만, 팔자(8)를 무한대(∞)로 바꿀 수는 있다는 것입니다. 그렇습니다. 나의 팔자(八字)도 얼마든지 바꿀 수 있습니다. 무한한 가능성이 있는 나의 인생을 체념하며 살 수는 없습니다. 얼마든지 성공하며, 얼마든지 행복하고 보람 있는 인생으로 변화될 수 있습니다.

어떻습니까? 팔자와 운명은 고칠 수 없다는 철학을 당신의 것으로 받아들이고 그냥 이대로 사시겠습니까, 아니면 "원리만 알면 팔자는 얼마든지 바꿀 수 있고 내 인생도 새롭게 될 수 있다는 철학을 받아들여서 새로운 인생을 사시겠습니까?

「관상쟁이가 될 뻔했던 나의 인생」이란 수기를 쓴 분이 있습니다. 이 분은 초등학교 6학년 때 할아버지 어깨너머로 관상을 배웠다고 합니다. 유명한 작명가였던 할아버지는 이름만 들어도 그 사람의 팔자를 알아맞히는 분이었는데, 이 분은 할아버지보다 한 술 더 떠서 학문적으로 파고들었다고 합니다. 그래서 많은 사람들을 대상으로 연구를 하였고, 그 결과 사람들이 태어난 시, 때, 나이를 통해서 "당신은 청상과부이다.", "자식이 없군요." 하면서 관상을 본다는 것입니다.

그런데, 이 분이 이상한 현상을 한 가지 발견했습니다. 이름을 가지고 관상을 보면 대략 80% 정도의 사람들은 알아맞히는 데 비해, 나머지 20%

에 해당 되는 사람들의 관상은 맞지 않는 것이었습니다. 연구를 거듭하면서 "왜 안 맞을까?" 하고 조사를 해보니, 그 20%에 해당되는 사람들이 전부 예수 믿는 사람들이라는 것을 발견했습니다. "분명히 팔자는 틀림이 없는데 왜 안 맞을까?!" 그 이유를 알아야 관상학에 있어서 세계 제일이 될 수 있겠기에, 도대체 교회에는 어떤 것이 있는지 알아보려고 교회를 출석하게 되었고, 성경을 보다가 예수를 믿으면 팔자가 바뀐다는 엄청난 사실을 발견하게 되었다는 것입니다.[4]

■ 원리를 알아야 합니다.

"아, 결국 예수 믿으라는 얘기하려고 그러는구먼…" 하면서 이 책을 덮으셔도 좋습니다. 그러나 정말 팔자를 바꾸시고 싶다면 원리를 알아보시기 바랍니다.

자연계에도 일정한 법칙이 있어서 질서 있게 운행되고 있는 것처럼, 인생에도 원리들이 있어서 그러한 원리들을 거스르고는 결코 인생에 성공할 수 없다는 것을 알아야 합니다. 사람들이 실패하여 불행한 인생을 살고 있는 이유는 그들이 원리를 거슬러서 살기 때문입니다. 옛말에 "아는 것이 힘이라"고 하였고, 예수님께서도 "진리를 알찌니 진리가 너희를 자유케 하리라(요한복음 8장 32절)"고 하셨습니다. 당신의 인생을 성공으로 바꿀 수 있고, 내세에 영원한 생명까지 보장해 주는 참된 진리를 알고 싶지 않습니까?

■ 알아보려고도 하지 않기 때문에

하나님을 부인하고 내세를 인정하지 않는 많은 사람들을 만나보았습니

---

4) 김창수, 『현대 성경생활 예화집』(서울: 도서출판 영문, 1996), pp. 32-33.

다. 그러면서도 그들은 자신의 존재 자체를 부인하지는 못하고 있었습니다. 그리고 미래에 대해서, 특히 죽음에 대해서 굉장히 두려워하고 있었습니다. 자동차 하나를 새로 사기만 해도 돼지 머리 놓고 고사를 지내는 것이었습니다. 자동차 룸미러(Room Mirror)에 염주와 묵주를 걸고 다니는 수많은 사람들을 보았습니다. 천국과 지옥을 부인하면서, 하나님의 심판도 부인하면서도 그들은 왜 죽음을 두려워할까요?

믿지 않는 막연한 무신론자든지, 교회 안에 있는 명목상의 기독교인이든지 간에 공통점이 있습니다. 그것은 진지하게 알아보려고 하지 않는다는 것입니다. 교회를 한두 번 가보고는 마치 기독교에 대해서 다 알고 있다는 듯이 빈정거리고 비판하는 사람들과, 혹은 교회를 다니고 있기는 하지만, 그리고 신상기록서의 "종교"란에 "기독교"라고 쓰기는 하지만, 복음의 참된 진리를 알지도 못하고 알려고도 하지 않는 무관심한 교인들이 대부분이었습니다. 바로 이러한 자세가 인생을 바꾸지 못하는 근본적인 이유가 아닐까요?

앞 부분에서 말씀드린 내용들을 다시 한번 마음을 열고 진지하게 다시 한번 읽어보시는 것은 어떨까요? 처음에 어떤 선입관을 가지고 읽을 때와는 다른 어떤 깨달음과 하나님의 감동하심이 있을지도 모르니까요.

'20세 못 넘긴다'는 사주쟁이 말에 불안했던 삶

아버지는 자식 자랑을 최고의 낙으로 삼으셨다. 큰 오빠는 연예인이 꿈이었지만 완고하신 아버지 반대로 꿈을 이루지 못하고 스물한살에 스스로 목숨을 끊었다. 둘째 오빠도 새 언니와의 불화를 이기지 못해 큰 오빠처럼 자살을 했다. 두 오빠의 죽음은 우리 가족 모두를 충격으로 몰아넣었다. 사람이 사는 것이 무엇인지, 어떻게 살아야 하는지 나는 깊은 갈등과 고민에 빠지고 말았다.

고등학교 때 거리를 걷는데 사주를 보는 사람이 나를 불러 세웠다. 그러더니 "아이고 자네는 스무 살을 못 넘기겠네"라고 말했다. 둘째 오빠 장례를 치루고 엘리베이터 거울에 비친 내 모습을 본 순간 '아, 이번엔 내 차례구나'하는 생각과 죽음에 대한 두려움이 엄습했다.

스무 살이 됐을 때 '이제 죽나보다'하는 생각이 들었다. 그러다 남편을 만났다. 단단한 사업으로 결혼생활은 부족함이 없었지만 마음은 늘 불안했다. 밤마다 가위에 눌려 잠을 자는 것도 두려웠고, 심장병으로 가슴이 두근거려 늘 누워 지내야 했다.

힘든 마음을 극복하기 위해 오랫동안 붙잡았던 가톨릭에 더욱 열심히 매달렸다. 예수님만 만나면 해결되리라는 믿음으로 기도 봉사활동 성경 공부에 온 힘을 다했다. 하루 종일 봉사활동을 하고 밤10시부터 새벽4시까지 기도로 한숨 못자고 곧장 새벽미사에 간 적도 많다. 내 인생의 유일한 목표는 예수님을 만나는 것이었기 때문이다.

그러던 어느 날 남편 사업이 부도가 났다. 아침에 일어나보니 드라마에

서나 봤던 빨간딱지가 집 여기저기에 붙어 있었다. 대대로 물려받은 동생의 땅도 사업보증으로 다 넘어가 버리고 우리는 하루아침에 길거리에 나앉을 처지가 됐고, 그때부터 나는 병원을 들락거렸다.

어느 날 교회에 다니는 동생이 뜬금없이 찾아와 예수님의 부활이 역사적인 사실이라고 했다. 부활이 진짜라는 생각은 단 한 번도 생각해보지 못했는데 '부활'이란 말에 정신이 번쩍 들었다. "진짜로 예수님이 부활해부렀다냐."

'부활'이란 말이 계속 생각 나 춘천한마음교회 여름수련회에 참가했다. '그리스도께서 다시 사신 것이 없으면 너희의 믿음도 헛되고 너희가 여전히 죄 가운데 있을 것이요'라는 말씀을 듣는데 '다시 사신 것이 없으면'이란 말씀이 그대로 마음에 꽂혔다. "아! 맞구나! 내겐 부활이 없었구나"하는 고백이 절로 나왔다. 그리고 패션오브크라이스트 영화를 보는데, 예수님께서 3일만에 무덤을 뚫고 다시 살아나는 장면에서 부활이 내게 실제가 됐다.

그동안 이 세상에 없는 부활을 내 방식, 내 생각으로 접근했으니 부활을 볼 수가 없었던 것이다. 부활의 주 앞에 서 보니 요나의 표적밖엔 보여줄 표적이 없다고 하신 말씀에 그대로 '아멘'이 나왔다. 보이지 않는 하나님을 믿게 하는 유일한 방법은 바로 부활이었다.

십자가에서 처참하게 죽으신 그분은 하나님이셨다. "하나님께서 이런 나를 위해 하나님이 십자가에서 죽으셨다니!" 정말 통곡하며 울 수밖에 없었다. 그리고 부활하신 예수님을 나의 주인으로 영접했다.

길을 걸으면서도 '예수님이 부활하셨구나! 이게 사실이구나!' 막 춤을 추고 싶었다. 죽음의 그림자도 내게서 완전히 떠났다. 나는 다 가진 자이고, 주님과 동행하며 천국의 삶을 사는 자였다.

그동안 가톨릭 모태 신앙으로 누구보다도 열심인 사람이었지만 죽음의 공포와 삶의 문제를 어떤 것으로도 해결 받지 못했는데, 부활하신 예수님이 인생의 참 주인이 됐다. 이제는 생명보다 더 귀한 복음 증거의 사명감으로 오늘도 달려간다.[5]

- 춘천한마음교회 정혜성 성도 -

---

5) 「국민일보」, 2016. 12. 12., p. 38.

17

그게 나하고
무슨 상관이 있습니까?

Q 지금까지 목사님이 하신 말씀이 다 옳다고 합시다. 하나님도 있고, 성경은 하나님의 말씀이고, 천당과 지옥도 있고… 그래서 예수 믿는 사람은 천당 가고 믿지 않는 사람은 지옥 간다고 합시다. 도대체 그게 나하고 무슨 상관이 있다는 말입니까?

믿고 싶은 사람은 믿는 것이고, 믿기 싫은 사람은 마는 것이지 그렇게 강박관념을 주어 강요할 필요는 없다고 봅니다.

그런 것들 아니라도 가뜩이나 살기가 복잡하고 어려운데 그런 것에 신경쓸 여유가 있나요? 지금의 문제만 해도 벅찬데 죽은 다음의 일까지 신경쓸 필요가 어디 있습니까? 다 죽으면 그만인데… 하나님이야 있든 없든 나하고는 상관이 없습니다. 나는 어디까지나 나이니까요. 내가 사는 세상, 내 맘대로 살다가 때가 되면 가면 되는 것이지 구태여 복잡하게 생각할 필요가 없다고 봅니다. 그저 목사님이나 예수 잘 믿고 천당가십시요. 나는 천당을 가든 지옥을 가든 별 관심이 없으니까요.

A 그래요? 그렇다면, 당신에게 성경 한 구절만 소개해 드리겠습니다.

한번 죽는 것은 사람에게 정하신 것이요. 그 후에는 심판이 있으리니
(히브리서 9:27)

착각하지 마십시요. 당신은 인간이며 하나님이 아니라는 사실을…

하나님은 당신의 생사화복을 쥐고 계신 분임을 잊지 마십시요. 당신이 원하든, 원치 않든지간에 당신은 죽게 될 것입니다. 그리고 하나님의 심판대 앞에 서게 될 것입니다. 그리고 이 세상에서 사는 동안 당신이 행한 모든 일에 대한 심판을 받게 될 것이며, 선악간에 그리고 신불신(信不信)간에 댓가를 받게 될 것입니다.

이것은 당신의 일이며 어느 누구가 대신할 일이 아닙니다. 당신은 상관이 없다고 생각할지 모르지만 그런다고 문제가 해결되는 것은 아닙니다.

회피하지 마십시요. 하나님을 대하십시요. 하나님이 인간을 대상으로 (사랑의 대상 혹은 진노의 대상) 삼은 이상 아무도 하나님의 손에서 빠져나갈 사람은 없습니다. 좀 더 정직하십시요.

죄의 짐이 너무 무겁고, 하나님의 심판이 두렵다고 이실직고 하십시요. 그리하면 문제는 풀려집니다. 하나님은 이미 당신을 위해 예수 그리스도를 예비해 놓으셨으니까요…

다음의 성경 말씀을 잘 음미해 보시기 바랍니다.

스스로 속이지 말라 하나님은 만홀히 여김을 받지 아니하시나니 사람이 무엇으로 심든지 그대로 거두리라 자기의 육체를 위하여 심는 자는 육체

로부터 썩어진 것을 거두고 성령을 위하여 심는 자는 성령으로부터 영생을 거두리라(갈라디아서 6:7~8)

과연, 당신은 무엇을 위해서 심는 인생이 되기를 바라십니까?

—Reference book (참고 도서)

에지워터 비치 호텔의 열 사람

1923년에 시카고의 에지워터 비치(Edgewater Beach) 호텔에서 매우 중요한 모임이 있었다. 이 모임에 참석한 사람들은 세계에서 가장 성공한 아홉 명의 인사들이었다. 가장 큰 강철회사 사장, 최대의 공익회사 사장, 최대의 가스회사 사장, 거대한 소맥회사 사장, 뉴욕 증권거래소 사장, 국제청산은행장 등과 정부 각료 한 사람이었다. 분명히 여기에는 세계에서 가장 성공한 사람들, 적어도 돈 버는 비밀을 아는 사람들이 모였다는 것은 사실이었다. 그러나 25년 후에 이들에게 어떠한 변화가 일어났는가? 강철회사 사장 찰스 샤브(Charles Schwab)씨는 파산하여, 죽기 전 5년 동안은 빚으로 살다가 죽었고, 공익회사 사장 사무엘 인설(Samuel lnsull)은 법정으로 부터 도망 다니다 외국에서 돈 한푼 없이 죽고 말았고, 가스회사 사장 하워드 홉슨(Howard Hopson)은 정신 이상자가 되었고, 소맥회사 사장 아더 코튼(Arthur Cotton)은 많은 부채를 지고 외국에서 죽었다.

뉴욕 증권거래소 사장이었던 리챠드 위트니(Richard Whitney)는 싱싱형 무소에서 겨우 풀려나왔다. 정부 각료였던 알버트 폴(Albert Fall)은 특사로 출옥하여 집에서 죽고, 월 스트릿트(Wall Street)의 가장 큰 주식판매자였던 제스 리버모오(Jesse Livermore), 그리고 특허공사사장 이바 크루거(Ivar Krueger)와 국세청산은행장 레온 프레저(Leon Fraser) 등 세 사람은 모두 자살로써 일생을 끝마쳤다. 이 사람들 모두가 생계를 이어 나가는 기술은 알았으나 아무도 '참 사는 법'이 무엇인지를 알지 못했기 때문이었다.[1]

---

1) 한국 대학생 선교회, 『열단계성서교재』(서울:한국대학생선교회 출판부, 1977), p. 17.

18

교회를 나가지 않고,
마음으로만 믿어도 되지 않을까요?

Q 목사님, 이런 것 좀 여쭙고 싶습니다. 꼭 교회를 나가야만 하나요? 그저 마음 속으로만 하나님을 믿으면 안될까요? 하나님은 사람을 외모로 보시지 않고, 마음 중심을 보신다고 하셨다는 데 그렇다면, 구태여 꼭 교회에 나갈 필요가 있을까요? 어디서나 하나님께 기도해도 하나님은 다 들으실텐데요. 사실상 많은 사람들이 하나님을 부인하지는 않지만, 교회에 나가기는 망설이고 있는 것 같습니다. 교회에 나가면 뭔가 매이는 것 같아서인지도 모릅니다.

그리고요, 대부분의 기독교인들은 일요일날에는 교회에 가야한다면서 일을 하지 않는 것 같은데요. 도시에서 직장 생활하는 사람들에게는 상당히 비현실적인 것 같습니다.

회사가 바쁠 때는 일요일날 일할 수도 있는데, 기독교인들은 교회에 나가야 한다면서 출근하지 않기 때문에 회사일에 지장을 줄 때도 있거든요.

하나님을 그렇게 꼭 틀에 매여서 믿어야 하는가요?

A
그런 의견을 가진 분이 상당히 많은 것은 사실입니다. 그런데 중요한 것은 과연 하나님께서는 어떤 것을 원하시는가 하는 것입니다.

내가 아무리 마음 속으로 하나님을 믿는다고는 하지만, 하나님이 원치 않거나 미워하시는 것을 한다면, 실제로는 하나님을 거역하는 것이 될 테니까요. 하나님을 섬기되, 하나님께서 원하시는 방법으로 섬기는 것이 옳지 않겠습니까?

효도한답시고 아버지가 싫어하시는 음식만 만들어 드린다면 참된 효도가 못되는 것처럼 말입니다. 그렇다면 과연 하나님은 이 문제에 대하여 어떤 것을 원하시는지 성경을 통해서 살펴보겠습니다.

모이기를 폐하는 어떤 사람들의 습관과 같이하지 말고 오직 권하여 그날
이 가까움을 볼수록 더욱 그리하자(히브리서 10:25)

하나님은 분명하게 교회에 나와서 함께 모여서 하나님께 예배할 것을 요구하고 계십니다.

그럼, 이번에는 초대교회 교인들은 어떻게 했나 알아볼까요?

날마다 마음을 같이하여 성전에 모이기를 힘쓰고…
(사도행전 2:46)

예, 역시 교회가 생긴 맨 초창기부터 모이기에 힘쓴 것을 알 수 있습니다.
그렇다면, 어디 구약시대에는 어땠는지 볼까요? 십계명부터 찾아봅시다.

안식일을 기억하여 거룩히 지키라 엿새동안 힘써 네 모든 일을 행할 것이나 제 칠일은 너의 하나님 여호와의 안식일인즉 너나 네 아들이나 네 딸이나 네 남종이나 네 여종이나 네 육축이나 네 문안에 거하는 객이라도 아무 일도 하지 말라 이는 엿새동안에 나 여호와가 하늘과 땅과 바다와 그 가운데 모든 것을 만들고 제 칠일에 쉬었음이라 그러므로 나 여호와가 안식일을 복되게 하여 그날을 거룩하게 하였느니라(출애굽기 20:8~11)

안식일은 하나님과 하나님의 자녀된 신자 사이에 대대로 영원한 표징이며, 안식일에 일하는 자는 죽이라고 말씀하셨습니다(출애굽기 31:12~17).

그러므로 주일날 일하는 사람은 주일(主日, Lord's day)을 더럽히는 것이며, 스스로 하나님의 자녀가 아니라는 것을 반증하는 것이라 볼 수 있습니다.

우리가 주일을 거룩하게 지킨다는 것은 곧 우리가 하나님의 자녀라는 것을 나타내는 표징(표시, 기호)이기 때문입니다. 뿐만 아니라, 교회에 나오지 않는 사람은 하나님을 믿는 사람이 아닙니다.

하나님을 위해 그 정도도 희생할 수 없다면, 그것이 무슨 신앙이겠습니까?

콩깍지와 콩알의 관계를 예로 들어보겠습니다. 실제로 중요한 것은 콩알입니다. 그러나 콩깍지가 없다면, 콩알은 영양과 수분을 공급받지 못하고, 뜨거운 햇볕에 그만 말라 비틀어지고 말 것입니다. 이와 마찬가지로 중요한 것은 우리들의 하나님에 대한 신앙이지 교회에 나가고 예배를 드리고 하는 어떤 의식들이 아닙니다.

그러나 우리가 교회에 나가지도 않고 성경말씀을 듣거나 찬송도 하지 않고 헌금도 하지 않고 기도도 하지 않고 성도들과 사귀지도 않는다면,

우리의 믿음은 시들어 버리고 말 것입니다.

실제로 어쩌다 교회를 빠지면 불안하고 죄송한 생각이 들지만 자꾸 빠지기 시작하여 한달, 두달… 6개월만 빠지고 나면 무감각해져서 이전의 믿지 않던 때와 똑같은 심령상태가 되고 맙니다.

콩알을 위해 콩깍지가 꼭 필요한 것처럼, 당신이 진정 하나님을 믿고 섬기시기를 원한다면 교회에 꼭 참석하셔야만 하는 것입니다. 교회에 나오지 않는다면 당신은 믿음이 생기거나 믿음이 자랄 수 없습니다. 결국 교회에 나오지 않는 사람은 전혀 믿는 사람이 아닌 것입니다.

하나님께서 그것을 원하시지도 않을 뿐더러 실제로 신앙생활이 불가능한 것입니다. 우리는 뭐 꼭 주일날 일하면 벌받을까봐 직장에 나가지 않는 것은 아닙니다. 우리가 어쩌다 주일날 출근한다고 해서 지옥에 갈리도 없습니다.

그러나 우리는 하나님을 사랑하기 때문에 주일날 출근하지 않습니다. 우리는 사람을 기쁘게 하는 것보다 하나님을 기쁘시게 하기를 원합니다. 왜냐하면, 하나님께서는 우리를 사랑하시고, 우리는 하나님을 사랑하기 때문입니다.

주님께서는 일주일 중에서 하루는 주님의 날로 정하셨고, 우리에게 그 날은 육신을 위해 일하지 말고 주님을 위해 일할 것을 요구하셨습니다. 따라서 우리는 주님의 뜻을 따라 주일날은 안식하며, 거룩하게 지킬 것입니다.

우리가 우리를 창조하신 하나님의 뜻에 따르는 것은 너무나 당연하지 않습니까? 하나님을 믿는다면서 하나님의 뜻과 반대로 행할 수 있겠습니까?

당신이 진정 하나님을 믿는다면 교회에 나오게 될 것입니다. 마음속으로 믿는다는 것은 거짓말입니다(그것은 당신이 전혀 손해보고 싶지 않다는 말이며, 하나님의 뜻을 따를 마음이 전혀 없다는 것을 의미하는 말입니다.)

주일을 거룩하게 지키지 않는 사람은 어떠한 이유에도 불구하고, 참된 그리스도인이라 할 수 없을 것입니다.

─Reference book (참고 도서)

주일에는 일을 못하겠습니다 (그 다음엔 또 어떻게)

필라델피아의 백만장자였던 스티븐 지라드(S. Girad)씨는, 어느 토요일에 자기의 직원들에게 말하기를 다음날 나와서 방금 도착 입항한 선박의 짐을 내리라고 했다.

그러자 한 청년이 창백한 얼굴로 지라드씨 앞에 나와서 다음과 같이 말했다.

"지라드씨, 저는 내일은 주일이기 때문에 일을 할 수 없습니다."

"그래? 그러면 나와는 헤어지는 수밖에 없지!"

"그것은 각오하고 있습니다. 비록 늙으신 어머니를 봉양해야 할 입장이지만 주일은 일을 할 수 없군요."

"그러면 경리계에 가 보시요. 그 동안 일한 급료를 계산해 줄 것이요."

청년은 이런 일 후에 삼주일 동안이나 발이 아프도록 시내를 다니며 일자리를 구했으나 얻지를 못했다.

어느 날, 필라델피아시의 한 은행 총재가 지라드씨에게 연락해 오기를, 새로운 은행을 하나 열어야 하겠는데 좋은 사람이 있으면 소개해 달라는 것이었다. 곰곰이 생각한 지라드씨는 해고한 청년을 추천했다.

"하지만 자네는 그 청년을 해고하지 않았나?"

"물론 그랬지. 그 청년이 일요일에는 일을 할 수 없다고 해서 해고했네. 자기의 처하는 형편에 따라서 신념과 원리를 바꾸지 않는 사람이라야 자네의 새 은행의 돈을 믿고 맡길 수 있지 않겠나?"

그 청년은 지라드씨의 친구인 은행 총재에게 발탁 기용되어서 전의 직장보다 훨씬 좋은 자리에 근무하게 되었던 것이다.[1]

---

1) 윤영준, 『그 다음엔 또 어떻게』 (서울:요단출판사, 1984), p. 63.

기왕 믿을 바에야 교회보다는
성당이 낫지 않을까요?

Q 요즈음 들어 저도 종교를 가져야겠다는 생각이 듭니다. 그리고 다른 종교보다는 기독교가 여러모로 보아 좋다고 생각이 되고 요. 그런데 기왕 나갈 바에야 교회보다는 성당이 낫지 않을까 하는 생각 이 드는군요. 아무래도 천주교가 먼저 생긴 것이 사실이고 또 여러 개의 파가 있는 교회보다는 세계적으로 통일되어 있으니 그 점이 우선 맘에 들 고, 또한 교회보다는 성당에 갔을 때가 더 엄숙하고 경건한 느낌이 들기 때문입니다. 둘 다 하나님을 섬기는 것이니 어느 쪽을 택하든지 상관없을 것이고, 기왕이면 성당 쪽이 낫지 않을까 하고 생각합니다.

제가 종교를 선택하는데 있어 무슨 도움을 주실만한 말씀이 있으신 지 모르겠습니다. 혹, 제가 꼭 알아야 할 사항이 있다면 말씀해 주십시요.

A 사람이 무슨 종교를 선택하든지 그것은 자유입니다. 적어도 민주국가에서는 말입니다.

그러나 지금 말씀하신 것을 보니 좀 석연찮은 생각이 드는군요. 말씀하신 것처럼 천주교가 먼저 생겼고 세계적 통일성이 있고 성당 내부에 들어가면 좀더 엄숙하게 느껴지는 것도 사실입니다.

그런데, 귀하께서 착각하신 것이 있는데, 그것은 성당이나 교회나 둘다 똑같은 종교라고 생각하고 계신 점입니다.

어느 종교를 택하느냐 하는 것은 각자의 자유이지만 이 점은 분명히 말씀드리고 싶습니다.

기독교와 천주교는 절대로 같지 않습니다. 마치 기독교와 불교의 차이만큼이나 다릅니다. 그럴리가 없다고요? 기독교나 천주교에 대해서 무엇을 아시기에 똑같다고 판단하셨습니까?

우리는 하나님 외에 다른 신을 믿지 않습니다. 그러나 천주교는 "마리아"라고 하는 여신(女神)과 "성인(성녀)"이라 불리우는 많은 신들을 섬기고 있습니다.

우리가 가진 성경과 천주교가 가진 성경이 서로 다릅니다. 우리는 신·구약성경 66권만을 가지고 있지만, 천주교는 구약가경(외경)과 소위 "성전(구전, 유전)"이라 불리우는 전해 내려오는 이야기들을 성경 이상으로 신봉합니다. 그것이 얼마나 많은지는 아무도 모릅니다. 뿐만 아니라, 우리는 하나님을 예배하지만 천주교는 하나님께 예수를 제물로 바치는 제사를 지냅니다(이것을 미사라고 합니다). 또한 천주교는 교황과 신부들을 신격화시켜 버렸습니다.

믿음으로 구원 얻는 것도 부인할 뿐 아니라, 비성경적인 연옥설을 주장합니다. 그리고 수많은 우상숭배와 미신적인 의식들을 행합니다. 그 외에도 비성경적인 많은 잘못된 교리와 의식들이 있습니다. 그러면서도 그들은 주장하기를 "모든 기독교는 하나님의 인가도 받지 않은 인간이 만든 종교이므로 구원도 없다"고 하면서 "인간이 만든 종교를 버리고 천주교를 믿어야 한다"고 말하고 있습니다.[1]

천주교가 기독교와 똑같다면 무엇 때문에 그들이 모든 기독교는 하나님의 인가도 없는 인조종교(인간이 만든 종교)라고 말하겠습니까? 당신이 알아야 할 사실은 천주교는 기독교가 아니라는 사실입니다. 당신은 아무 쪽이나 선택해도 되는 것이 아니라 반드시 어느 한쪽을 선택해야 하는 것이며, 그 결과는 전혀 다른 방향으로 가게 될 것입니다.

천주교가 먼저 생겼기 때문에 좋다고 하셨는데 천주교보다는 유교나 불교가 더 먼저 생기지 않았겠습니까? 문제는 어느 쪽이 먼저 생겼느냐가 아니라, 어느 쪽이 본래의 진리들을 가지고 있느냐가 중요한 것입니다.

천주교는 주후 590년 그레고리 1세가 교황권을 주장한 때부터 생긴 것으로 교회사(敎會史)에서는 말하고 있습니다.

오늘날의 천주교는 주후 313년 이전의 기독교와는 전혀 다른 종교로 전락해 버리고 말았습니다. 그것은 로마 세계에 있던 이교도들과 야합해 버렸기 때문입니다.

그리하여 교리적으로, 도덕적으로 더이상 부패할 수 없을 만큼 부패했을 때 마틴 루터에 의해서 종교개혁이 일어났고, 오직 성경으로 오직 초대교회로 돌아가자는 신앙운동이 일어나서 타락하기 이전의 본래의 기독교로 돌아간 것이 바로 기독교(개신교)인 것입니다.

당신을 위해서 참고로 천주교의 부패 과정을 도표로 그린 것을 보여 드

---

1) 존 오브라이언, 『억만인의 신앙』, 정진석 역 (서울:가톨릭출판사, 1983), pp. 78~102.

리겠습니다.

이 도표를 보시면, 천주교가 본래의 기독교에서 교리적으로 얼마나 많이 변했는가를 알 수 있고 종교개혁이 무엇을 의미하는지를 알 수 있을 것입니다.

웅장하고, 고색창연한 성당 모습이나, 일부러 소리가 울리도록 설계한 성당 내부의 분위기에 속지 마십시오. 어느 종교가 참인가는 그 역사의 오래된 것이나 건물의 모습이나 그럴듯한 종교의식에 있지 않고 그 종교가 가르치고 있는 교리에 달려 있는 것입니다.

교리적으로 볼 때 천주교는 성경에서 떠나기 시작한지가 벌써 1500년이나 되고 있습니다.

귀하가 좀더 현명한 판단을 하시기 바라마지 않습니다. 이 문제에 대하여 도움이 될만한 책을 소개해 드립니다. 전국 유명서점이나 기독교 서점에 가시면 구입할 수 있습니다. 『천주교를 배격하는 7가지 이유, 유선호 목사 저, 숭문출판사,』

|천주교의 교리적 부패 도표|

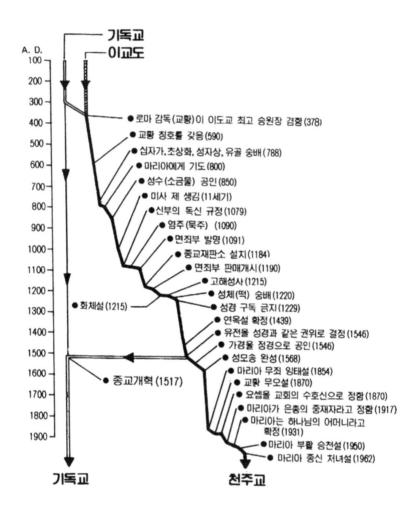

기독교

이교도

A. D.
100
200
300
400 ● 로마 감독(교황)이 이도교 최고 승원장 겸함 (378)
500 ● 교황 칭호를 갖음 (590)
     ● 십자가, 초상화, 성자상, 유골 숭배 (788)
600 ● 마리아에게 기도 (800)
     ● 성수 (소금물) 공인 (850)
700 ● 미사 제 생김 (11세기)
800 ● 신부의 독신 규정 (1079)
     ● 염주 (묵주) (1090)
900 ● 면죄부 발명 (1091)
     ● 종교재판소 설치 (1184)
1000 ● 면죄부 판매개시 (1190)
1100 ● 고해성사 (1215)
     ● 성체 (떡) 숭배 (1220)
1200 ● 성경 구독 금지 (1229)
● 화체설 (1215)
1300 ● 연옥설 확정 (1439)
     ● 유전을 성경과 같은 권위로 결정 (1546)
1400 ● 가경을 정경으로 공인 (1546)
     ● 성모송 완성 (1568)
1500 ● 마리아 무죄 잉태설 (1854)
     ● 교황 무오설 (1870)
● 종교개혁 (1517)
1600 ● 요셉을 교회의 수호신으로 정함 (1870)
1700 ● 마리아가 은총의 중재자라고 정함 (1917)
     ● 마리아는 하나님의 어머니라고 확정 (1931)
1800 ● 마리아 부활 승천설 (1950)
1900 ● 마리아 종신 처녀설 (1962)

기독교   천주교

하나님이 우상을 태워 버리다 (급하고 강한 바람처럼)

즉시 달려온 경찰은 선교팀의 주인이 누구며 직업이 무엇인가 물었다.

"이렇게 해 주시면 말씀 드릴 수 있습니다." 선교팀의 한 형제가 대답했다. "1천명의 사람들을 모아 주시면 대답하겠습니다. 그렇지 않으면 한마디도 말할 수 없습니다."

그래서 경찰은 사람들을 1천명 이상이나 모이게 해놓고 선교팀을 오라고 했다.

"자 여러분이 사람들을 모아 주셨으니 저희도 저희 약속을 지키겠습니다." 선교팀원들은 모든 주민이 볼 수 있는 언덕에 가서 섰다. 그리고 한형제가 성경을 꺼내 들고 설교를 시작했다.

"우리 주인은 예수 그리스도이십니다." 그가 외쳤다.

"우리도 예수를 안다." 군중 속에서 어떤 사람이 소리쳤다. "우리 마을엔 신부님도 있다. 그를 모셔와도 좋으냐?" 주민들이 선교팀에게 물었다.

"상관없습니다. 가서 데리고 오십시오." 선교팀이 대답했다.

"가서 신부님을 모셔 오자." 그들이 몰려갔다. 잠시 후 신부님이 매우화가 나서 나타났다.

"우리도 그리스도인이다." 신부가 볼멘 소리로 말했다.

선교팀원들은 애처로운 표정으로 고개를 저었다. "주님은 당신이 우상을 가지고 있다고 말씀하십니다."

"우리에게 우상은 없다." 신부가 주장했다.

선교팀과 신부가 한동안 언쟁을 한 후에 협의했다. 그들은 주님이 우상이 있다고 알려 주신 장소인 그들의 교회로 함께 가기로 동의했다.

교회에 들어서자 거기에는 여러 가지 상(像)들이 있었다.

"이것들이 바로 당신들의 우상입니다." 선교팀원들이 지적했다.

"이것은 우상이 아니요." 신부는 매우 당황해하며 말했다. "이 상(像)들은 바울, 마리아, 예수, 요한 등 성자들이요."

"그러나 주님은 우리에게 이것들을 우상이라고 하셨습니다."

논쟁은 끝이 없을 것 같았다. 그때 선교팀 중의 한 사람이 이렇게 제안했다.

"그것들이 우상인가 아닌가를 우리는 알 수 없으니 하나님께서 판정하시도록 합시다. 신부님도 성경의 엘리야와 바알 선지자들의 이야기를 기억하시지요? 그러면 우리 기도하도록 하십시다. 이 상(像)들을 모아 놓고 만일 하나님이 이것들을 기뻐하지 않으시면 하늘에서 불을 내려 태우도록 간구하십시다."

그 제안에 따라서 모든 상(像)들은 가운데 방으로 모아졌다. 그것들은 모두 놋쇠, 나무, 석고로 만든 것이었다. 사람들은 상(像)더미 뒤로 둘러섰고 선교팀원 중의 한 사람이 기도했다. 그는 하나님께서 그 더미를 불태우심으로 최종적인 결정과 증거를 보여 주시도록 간구했다.

아멘 소리가 끝나고 잠시 긴장된 침묵이 흘렀다. 갑자기 불이 번쩍하면서 날카로운 굉음이 들렸다. 마치 번개가 치는 것 같았다. 우상 더미가 일순간 재가되었다. 신부님은 매우 흥분하였다. 그는 손을 비비면서 말했다.

"나머지 우상들도 태워야 하겠다. 교회 뒷 뜰에도 있다. 우리 그것들도 태워 버립시다." 그래서 사람들은 교회 뒤로 가서 다른 상(像)들도 파내어 철제 조각들도 불태웠다. 교회에는 우상이 하나도 없게 되었다.

그 날에 많은 사람들이 주님을 영접했다. 선교팀이 그곳을 떠날 때 신부님이 부탁했다. "주님이 허락하시면 꼭 다시 한번 와 주세요."[2]

---

2) 멜·태리, 『급하고 강한 바람처럼1』, 정운교 역(하늘기획), pp. 116~118.

어떻게 하면
기독교인이 될 수 있나요?

Q 저는 벌써부터 교회에 나가고 싶었지만 좀처럼 실천하지 못했습니다. 주변에서 같이 교회 가자고 권하는 사람도 없고, 또 교회에 가본적이 없어서 아무래도 용기가 나지 않습니다.

또한 갔다가 망신이나 당하지 않을까 하고 걱정되기도 하구요.

어떻게 하면 내가 좋은 기독교 신자가 될 수 있는지 자세히 안내해 주시겠습니까?

A

아주 반가운 소식이군요. 예수를 믿기로 결정하신 그 결단이 틀림없이 당신의 생애를 바꿔 놓을 것입니다.

우선 먼저 서점에 가서서 "성경책(신구약 합본으로 된 것)과 찬송가 책"을 사십시요. 아마 기독교 서적을 파는 서점에 가시면, 좀 더 싸게 사실 수 있을지도 모릅니다.

그런 다음, 집에서 가장 가까운 교회를 선택하십시요(물론 통일교, 여호와증인의 왕국회관, 말일성도 예수 그리스도의 교회, 전도관, 안식교, 성당 같은 이단 종파에는 가지마십시요).

만약 당신을 전도한 사람이 있고, 그 사람이 나가는 교회가 그렇게 멀지 않다면 그 교회로 같이 가시면 좋겠습니다.

교파에는 그리 신경쓰지 마십시요. (일반적으로 장로교, 성결교, 감리교, 침례교, 순복음교회, 그리스도교회, 나사렛교회등이 있습니다.)

보통 교회 예배는 주일날 낮 11시와 밤 7시경, 그리고 수요일밤 7시경에 시작됩니다. (밤예배는 계절에 따라 다르고, 어떤 교회는 오후 3시경에 드리는 경우도 많이 있습니다.) 예배시간보다 약 10~20분 일찍 가서서, 교회를 둘러보시고, 예배드릴 준비를 하고 있다가 예배가 시작되면 순서지에 따라서 하시면 됩니다. 또한 약간의 헌금을 준비해 가시면 좋습니다. (액수는 당신이 정하십시요.) 교회마다 헌금하는 방법이 다릅니다. 어떤 교회는 현관 입구에 헌금함을 놓아두어서 들어가면서 헌금을 하도록 하기도 하고, 어떤 교회는 예배순서 중에 헌금시간이 있기도 합니다.

일단 한번 예배에 참석해 보시고 마음에 들면 안내하는 분들에게 "등록카드"를 달라고 해서 자세히 기록하여 제출하면, 그 교회의 교인으로 등록이 되는 것이며, 아마도 광고 시간에 목사님께서 당신을 모든 교인들에게 소개하실 것입니다.

만약 그 교회가 맘에 내키지 않는다면 가까운데 있는 다른 교회를 찾아보시기 바랍니다. 그러나 교인 등록만 했다고 자동적으로 좋은 신자가 되는 것은 아닙니다.

다음 몇 가지 사항을 기억해 주시기 바랍니다.

노트를 준비했다가 설교 시간에는 설교를 적으면서 들으시기 바랍니다. 맨 처음에는 설교 내용이 잘 이해되지 않을지도 모르고 혹시 졸릴지도 모릅니다. 그러나 걱정하지 마십시요. 시간이 지남에 따라 그런 문제는 다 해결됩니다. 하루에 적어도 1장씩은 성경을 읽으십시요. 신약성경부터 읽는 것이 좋습니다. 성경을 읽기 전에 항상 먼저 기도하십시요. 성경을 읽을 때에 잘 깨닫게 해 주시기를 기도한 후에 성경을 읽으십시요. 그리고 가능하면 적어도 하루에 한번씩은 기도하는 시간을 가지십시요.

새벽에(약 5시경) 교회에 나가셔서 "새벽 기도회"에 참여하시면 좋지만, 그렇게 못하시면 아무때나 하루중 편리한 시간을 택해서 하나님께 기도하십시요. 어떻게 기도하는지 모르신다구요? 그냥 하나님께 하고 싶은 말을 하세요. 그리고 마칠 때에 "예수님의 이름으로 기도합니다. 아멘" 하시면 됩니다.

특히 아침에 일어나서는 하루를 하나님께 부탁드리는 기도를 하시고, 밤에 잠자리에 들기 전에는 하루를 지켜주신데 대해 감사하는 기도를 드리시기 바랍니다.

그 외에도 당신에게 해당하는 교회 기관에 가입하여 활동하십시요. (학생회, 청년회, 대학부, 여전도회, 남전도회 등) 그리고 그 외의 신앙생활에 대해서는 먼저 믿은 사람들에게 도움을 받으시면 됩니다. 또, 무슨 문제가 생기거나 성경에 대한 질문 등은 목사님이나 전도사님께 상의하십시요.

당신이 좋은 신자가 되기를 맘만 먹는다면 그 모든 것은 저절로 알게 됩니다. 그리고 시간이 나면 기독교 서적을 파는 서점을 알아보시고 가서 좋은 책들을 많이 사서 읽으십시요. 굉장히 유익합니다. 그리고 언제나 부정적이고 소극적인 태도를 버리고 긍정적이고 적극적인 자세를 가지고 신앙생활을 하십시요.

무엇보다도 모든 예배에 빠지지 않도록 하십시요. 그것이 아주 중요합니다. 당신이 마음을 넓게 열기만 한다면, 교회 안에서 아주 좋은 신앙의 벗들을 사귈 수 있을 것입니다.

그러나 여기 꼭 지적하고 싶은 것은, 신앙이란 성경 지식이나 교회의 습관에 익숙해지는 것이 아니라 하나님과의 영적 교제에 있다는 사실입니다. 실제로 당신이 하나님과 혹은 예수님과 어떤 관계를 맺고 있느냐가 신앙의 본질입니다.

예수를 구주로 영접하고 거듭나서 하나님의 자녀가 되는 것이 가장 중요한 일입니다. 이 문제에 대해서는 "나침반사"에서 나온 "참된 삶의 시작은 이렇게"라는 책을 권해 드리고 싶습니다.

아무쪼록 열심히 예배를 참석하시고 성경 공부도 하시고 궁금한 것은 신앙의 선배들이나 목사님께 물어 보면서 정진하십시요. 그리하면 좋은 신자가 되실 것입니다.

주님께서 함께 하시고 은혜를 베푸시기를 기도합니다. -아멘-

─Reference book (참고 도서)

윌리암 E. 헷처 박사의 간증 (구원의 도리)

아마도 여러분의 대다수는 윌리암 E. 헷처(William E. Hatcher) 박사의 개심한 간증의 이야기를 쓴 책을 읽으셨을 것입니다. 어떤 날 헷처 박사의 가족이 출석하고 있던 마운트 허몬(Mount Her- mon) 교회에서는 부흥회가 진행되고 있었습니다. 이미 많은 무리들이 회개하고 개심하였으며 이 소년도 그 자신의 영혼을 걱정하고 있었습니다. 그는 동무를 따라서 참회자석(懺悔者席)에 가기는 하였으나 구원을 발견할 수는 없었습니다. 다음 날 저녁에는 그는 자기 혼자서 예배 보러 가기 시작하였습니다. 그가 혼자서 생각에 잠기며 걸어갈 때에 전에 개심한 친척 한 사람이 그에게 가까이 와서 같이 가게 되었습니다. 그 친척이 그에게 묻기를 "너는 주님 보시기에 너 자신이 어떻다고 생각하느냐"고 물었습니다. 그는 대답하기를 "나는 주님 앞에서 죄인이라는 것을 느껴서 대단히 고통을 받고 있으나 어떻게 할 바를 모르겠습니다"라고 대답하였습니다. 그의 친척은 "그리스도를 믿는 신앙을 가지라"고 일러주었습니다. 그러나 그의 생각에는 아무런 광명도 찾지 못할 것 같았습니다. 그의 친척은 머물러 서서 길 건너 편에 서 있는 참나무의 큰 가지가 뻗혀있는 것을 가리키면서 소년에게 말하기를 "만일 네가 그 큰 가지에 올라가 있다고 하면 거기서 뛰어 내리기를 무서워 할거야, 그렇지?"하고 물으니 그 소년의 대답은 "그럴 것이라"고 하였습니다. 그 친척이 말하기를 "거기를 다시 한번 쳐다보라"고 하면서 "만일 네가 저기에 올라가 있는데 내가 네 이름을 부르면서 네가 뛰어 내리기만 하면 너를 붙들어서 상하지 않게 하겠다고 하면 너는 뛰어내리겠느냐?"고 하니 그 소년의 대답은 "아니올시다" 했습니다. 그의 친척이 다시 묻기를 "내가 너를 붙들어 주겠다는 데 왜 그러냐?"하고 물으니 그는 "왜냐하면 당신이 나를 붙들만한 힘이 있다고 믿을 수가 없으며 또한 당신이 그렇게 대담하게 해볼만한 용기조차 없을 것이니까"라고 대답하였습니다. 그의 친척은 "그것이 불신앙이지"라고 말하면서 "그럼 이제 한 번 더 그 가지를 쳐다보라. 네가 만일 거기 올라가 있고 예수 그리스도가 그 나무 밑 길가에 계신다고 하자 너는 그가 그리스도이신 것을 알고 그가 그의 팔을 펴시고 네 이름을 불러 자기 팔 안으로 뛰어 내리라고 명하시면 너는 그렇게 하겠느냐?"고 물으니 그 소년은 잠깐동안 생각하더니 "그럼 나는 아주 기쁘게 뛰어 내리지요"라고 대답하니 그의 친척은 그 이유를 물었습니다. 그 소년이 대답하기를 "왜냐하면 만일 그가 나를 붙드시겠다고 말씀하시면 그는 그가 말씀하신 일을 하실 것이며 그가 나를 붙드시려고 하시기만 하면 능히 하실 수 있기 때문이라"고 대답하였습니다. 그의 친척이 말하기를 "그것이 믿음이란다"라고 일러주었습니다. 그들은 같이 예배보러 갔으며 그 소년은 앞에 가까이 가서 앉았습니다. 예배가 진행될 때 그는 혼자 생각하기를 "나는 오늘 밤에 내 자신을 예수님께 드려야지"하고 생각하여 그대로 하였습니다. 그는 그리스도의 말씀을 받고 그 자신과 그의 모든 것을 그리스도에게 바쳤습니다. 이것이 곧 믿음이었던 것입니다.[1]

---

1) J. 크라이드 터너, 『구원의 도리』, 고명순 역 (서울:침례회출판사, 1966), pp. 73-74.

참고문헌(Bibliography)

■ 성 경 신 학

1) 박조준. 「로마서 강해(Ⅰ)」. 서울:기독교문사, 1981.

2) 김준곤. 「성서조감」. 서울:한국대학생선교회, 1975.

3) 원용국. 「최신 성서 고고학」. 서울:경향문화사, 1983.

4) W. F. Arndt and F. W. Gingrich. <u>A Greek-English Lexicon of the New Testament and Other Early Christian Literature.</u> (The University of chicago press, 1967).

■ 조 직 신 학

5) 로뢰인 뵈트너. 「로마카톨릭 사상 평가」. 이송훈 역. 서울:기독교문서 선교회, 1992.

6) 루이스 뻘콤. 「뻘콤 조직신학. (제2권. 신론)」. 고영민 역. 서울:기독교문사, 1980.

7) 박아론. 「왜 기독교는 진리인가?」. 서울:예수교문서선교회, 1978.

8) 윌리엄 오어. 「젊은 지성인들의 질문에 답하여」. 서울:생명의 말씀사, 1980.

9) 이성주. 「사중복음」. 서울:성청사, 1984.

10) 존 R. 호위트. 「진화론 부정」. 경북:평신도 신앙서적간행회, 1979.

11) 「주제별 성경연구」. 서울:두란노서원, 1981.

12) J. 크라이드 터너. 「구원의 도리」. 고명순 역. 서울:침례회출판사, 1966.

13) 한국창조과학회 편. 「과학적 증거는 진화를 부정한다」.

14) _____. 「진화는 과학적 사실인가?」. 서울:태양문화사, 1981.

15) _____. 「창조론의 최전선에서」. 서울:새순출판사, 1985.

16) 허복부. 「성령론」. 서울:청암출판사, 1974.

17) 헨리 디이슨. 「조직신학강론」. 권혁봉 역. 서울:생명의 말씀사, 1982.

18) 헨리 모리스. 「진화론과 현대 기독교」. 서철원 역. 서울:생명의말씀사, 1973.

19) Bernard Ramm. <u>Protestant Christian Evidences</u>, 14th printing. (Chicago: Moody press, 1973).

■ 실 천 신 학

20) 박금출. 「실화사전 (제5집)」. 복음진리사, 1982.

21) 선윤경 외 2인. 「29 마르크」. 서울:도서출판 돌샘, 1990.

22) 심군식 편. 「크리스챤의 웃음」. 서울:소망사, 1981.

23) 「열단계 성서교재」. 서울:한국대학생선교회, 1977.

24) 「열단계 성서교재 교범」. 서울:한국대학생선교회.

25) _____. 「잊을 수 없는 경례」. 서울:요단출판사, 1990.

26) 이은호. 「현대 설교 예화 모음」. 대구:보문출판사, 1984.

27) 이종태 역편. 「최신 예화집」. 서울:신망애출판사, 1977.

28) 전호진.「종교다원주의와 타종교 선교전략」(서울:개혁주의 신행협회, 1992), p.165.

29) W. 헛셸 포드. 「천국·지옥·심판론 예화강해」. 이상길 역. 서울:크리스챤비전하우스, 1980.

30) Hans-Werner Gensichen Und Horst Rzepkowski. <u>Missions Theologie,</u> (Berlin : Dietrich Reimer Verlag, 1985),

■ 기　타

31) 김성화. 「극락의 불나비」. 서울:도서출판 아가페, 1985.

32) 김창수. 「현대 성경생활 예화집」. (서울: 도서출판 영문, 1996)

33) 김해경. 「주여, 사탄의 왕관을 벗었나이다」. 서울:홍성사, 1993.

34) 멜·탤리. 「급하고 강한 바람처럼」. 정운교 역. 광명:임마누엘, 1986.

35) 신앙계 편. 「높은 곳에 사는 자여」. 서울:국민일보 출판국, 1987.

36) 신앙계 편. 「믿음은 바라는 것들의 실상」. 서울:국민일보 출판국, 1987.

37) 연예인 선교회 편. 「영광의 탈출」. 서울:영산출판사, 1983.

38) 원종수. 「너는 내것이다」. 서울:국민일보사, 1994.

39) 유옥근. 「음주(술)! 과연 죄인가?」. 서울:세종문화사, 1982.

40) 이종윤 편. 「한국교회와 제사문제」. 서울:도서출판 엠마오, 1985.

41) 조용기. 「병을 짊어지신 예수님」. 서울:기독교 대한 하나님의　성회, 1973.

42) 존 오브라이언. 「억만인의 신앙」. 정진석 역, 서울:가톨릭출판사, 1983.

43) 쿨트 코호. 「타오르는 부흥의 불길」. 이태웅 역. 서울:생명의 말씀사, 1973.

■ 정 기 간 행 물

44) 「국민일보」. 2016. 12. 12.

45) 「동아일보」. 1977. 12. 7.

46) 「리더스 다이제스트」. 1980년 10월호.

47) 「전매통계연보」. 전매청, 1985.

48) 「조선일보」. 1983. 11. 1.

49) 「조선일보」. 1984. 1. 10.

50) 「조선일보」. 1984. 2. 21.

51) 「조선일보」, 1985. 2. 20.

52) 「조선일보」, 1985. 3. 19.

53) 「조선일보」, 1985. 5. 1. 목사님의 답변 (개정 증보판)

목사님의 답변

1987년 4월 30일 초판 1쇄 발행
1995년 7월 30일 재판 1쇄 발행
2001년 8월 03일 삼판 1쇄 발행
2012년 9월 25일 사판 1쇄 발행

2022년 9월 10일 개정 증보판 1쇄 발행
2022년 9월 20일 개정 증보판 1쇄 인쇄

지은이 | 유선호
펴낸이 | 이재승
펴낸곳 | 하늘기획
디자인 | 청우(열린유통, 한문선) 박상진
이미지 | 아이클릭아트
등록번호 | 제306 - 2008 - 17호
물류센타 | 경기도 파주시 광탄면 혜음로 883번길 39 - 32
주문처 | 하늘유통
전 화 | (031)947 - 7777
팩 스 | 0505 - 365 - 0691

ISBN | 979-11-92082-05-9 (03230)